SOMMAIRE

C'EST MALIN

KARINE WINSZ

JE DÉPLOIE MES POTENTIELS AVEC L'ASTROLOGIE

POCHE
LEDUC.S

De la même auteure, aux éditions Leduc.s
Révolution lunaire, 2020.

Leduc s'engage pour une fabrication écoresponsable !
« Des livres pour mieux vivre », c'est la devise de notre maison. Et vivre mieux, c'est vivre en impactant positivement le monde qui nous entoure ! C'est pourquoi nous choisissons nos imprimeurs avec la plus grande attention pour que nos ouvrages soient imprimés sur du papier issu de forêts gérées durablement, et qu'ils parcourent le moins de kilomètres possible avant d'arriver dans vos mains ! Pour en savoir plus, rendez-vous sur notre site.

Conseil éditorial : Stéphanie Honoré
Édition : Béatrice Le Rouzic
Maquette : Laurie Baum
Correction : Agnès Duhamel
Illustrations : Karine Winzs
Design de couverture : Antartik

10, place des Cinq-Martyrs-du-Lycée-Buffon
75015 Paris – France
ISBN : 979-10-285-1935-3
ISSN : 2425-4355

INTRODUCTION

Pour pouvoir développer au mieux nos capacités, ce que j'appelle nos dons de naissance, il faut en prendre conscience. L'astrologie a pendant longtemps été considérée comme un moyen de prédire l'avenir, mais elle est bien plus que cela. Elle est l'outil le plus puissant pour apprendre à se connaître, car chaque planète correspond à une parcelle de nous-mêmes.

Cette discipline nous donne les clés pour transformer nos faiblesses en force et nous orienter dans notre parcours de vie. Souvent, étant enfants, nous savions instinctivement ce qui nous faisait plaisir ainsi que nos facilités, mais en vieillissant, lorsque nous nous dirigeons vers des priorités plus matérialistes, nous oublions ce qui nous faisait rêver : notre raison d'être. L'astrologie est comme un miroir reflétant les traits de personnalité d'un individu. Elle permet de comprendre notre fonctionnement intérieur, en dévoilant nos qualités ainsi que nos questionnements, afin d'évoluer positivement dans la vie.

L'astrologie que nous allons étudier dans ce guide est appelée « astrologie tropicale », elle est différente de l'« astrologie sidérale » enseignée en Inde. Elle correspond à l'astrologie moderne que nous connaissons en Occident. Cet ouvrage n'est pas un livre classique d'astrologie, même s'il vous apporte des bases certaines. Il présente une vision ludique et pratique de cette matière, pour en comprendre plus facilement les arcanes et découvrir les trésors de votre personnalité.

Pratiquer l'astrologie demande de la patience, de la connaissance et une dose d'intuition. Nous allons ici vous donner les principales clés afin d'appréhender un thème astral, qui est une sorte de carte d'identité de la personne, ce qui vous permettra de connaître les interactions des énergies des différentes planètes sur votre thème afin de vous éclairer sur le chemin.

1

LES BASES POUR CONCEVOIR ET ANALYSER UN THÈME ASTRAL

Chapitre 1

Qu'est-ce qu'un thème astral ?

Avant l'arrivée d'Internet, les astrologues réalisaient les thèmes à la main, ils devaient se munir des éphémérides (tables astronomiques avec lesquelles on détermine la position des planètes un jour donné). Aujourd'hui, de nombreux sites offrent gracieusement le calcul du thème de naissance, sans avoir besoin d'éphémérides. Il faut juste indiquer la date de naissance, le lieu et l'heure si possible.

Connaître l'heure de naissance est important pour l'étude du thème, car elle permet de déduire l'ascendant d'une personne ainsi que ses différentes maisons (voir le point « Les maisons » p. 31). Si vous n'avez aucune idée de l'heure, vous obtiendrez seulement la position des planètes, ce qui est déjà une mine précieuse d'informations (voir la partie 3 « Approfondissez votre thème avec les planètes, symboles de puissants messages » p. 95).

Le thème astral est une photo instantanée des planètes vues de la Terre au moment de la naissance. Celle-ci permet l'interprétation de la carte du ciel. Comme si le ciel devenait un miroir reflétant des symboles, porteurs de sens pour les hommes et pour leur chemin de vie. Il se présente sous la forme d'un cercle divisé en douze parts égales correspondant aux douze signes du zodiaque. Chaque signe est découpé en trois décans, comportant dix degrés chacun, ce qui fait trente degrés au total. Les décans permettent de nuancer les caractéristiques d'un signe (voir le point « Les signes et leurs décans » p. 36).

La ligne d'horizon qui partage le cercle représente l'ascendant (AC) et le descendant (DC). Les planètes situées au-dessus de cette ligne sont celles qui étaient visibles au moment de la naissance, celles situées en dessous étant invisibles. Par exemple, si vous êtes né la nuit, le Soleil se situera dans la partie inférieure du cercle.

Comme vous pouvez le voir sur le thème ci-dessous, les signes du zodiaque et les planètes sont représentés par des symboles. Pour débuter en astrologie, il est important de vous familiariser avec ces symboles qui constituent un véritable alphabet.

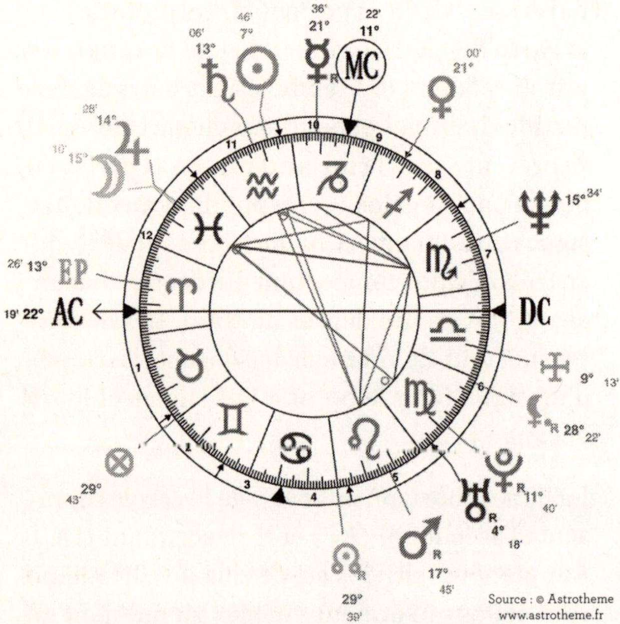

Source : © Astrotheme
www.astrotheme.fr

EXEMPLE DE THÈME ASTRAL

SYMBOLES DES SIGNES ASTROLOGIQUES

♈	BÉLIER	♉	TAUREAU
♊	GÉMEAUX	♋	CANCER
♌	LION	♍	VIERGE
♎	BALANCE	♏	SCORPION
♐	SAGITTAIRE	♑	CAPRICORNE
♒	VERSEAU	♓	POISSONS

LES LUMINAIRES

☉ LE SOLEIL	☽ LA LUNE

SYMBOLES DES PLANÈTES

☿ MERCURE	♀ VÉNUS
♂ MARS	♄ SATURNE
♃ JUPITER	♆ NEPTUNE
♅ URANUS	♇ PLUTON

MAËL LE DÉLIOU DITE MAËL LD
TAROLOGUE

« J'ai toujours été fascinée par l'astrologie, je considérais mon horoscope du jour comme un petit clin d'œil pour ma journée, une routine tel le café ;-) Puis, je m'y suis intéressée de plus près et j'ai découvert la complexité de cette matière et la dextérité nécessaire à une bonne astrologue. En tant que tarologue procédant par flashs, ce n'était pas mon truc. Je laissais ça à des esprits mieux organisés et plus scientifiques.
Plus tard, dans le cadre de mes consultations de voyance, je me suis penchée sur les thèmes astraux de mes consultants afin d'associer à mon travail un côté plus personnalisé. En effet, on ne s'adresse pas et on ne conseille pas de la même

façon un Poisson et un Bélier… J'ai ainsi découvert un monde extraordinaire. Férue de psychologie et d'études de caractères depuis toujours, je me suis aperçue qu'étudier en profondeur un thème de naissance est extrêmement riche d'enseignements, et que, contrairement aux idées reçues, tout cela a réellement un sens, ce n'est pas seulement des grandes lignes où chacun peut se reconnaître dans tout et n'importe quoi ! À mes yeux, un thème astral est un peu comme une carte d'identité de naissance ou des empreintes digitales, si l'on pousse le travail vraiment loin. C'est absolument fascinant et très riche d'enseignements sur soi-même et sur les autres. L'astrologie est un art et chacun devrait établir son thème de naissance avant d'entamer un quelconque travail sur soi. »

Chapitre 2

Les différentes composantes d'un thème astral

Dans ce deuxième chapitre, nous allons détailler les différentes notions utiles à connaître pour lire un thème astral :

- les quatre éléments qui apportent des indications sur le tempérament de chaque signe ;
- les « modes » des signes qui se définissent selon les saisons, ces différentes qualités vont donner plus de précision et nuancer l'interprétation ;
- la signification et l'énergie de chaque planète ;
- les maisons astrales qui sont des champs d'expérience ;
- l'identité de chaque signe et ses particularités selon les décans ;
- les aspects qui représentent les interactions entre les planètes ;
- les similitudes et les maîtrises pour approfondir les bases de l'astrologie.

LES QUATRE ÉLÉMENTS

Il existe quatre éléments distincts représentant les énergies premières des signes, ils donnent des indications sur les différents types de tempérament que l'on peut observer dans le zodiaque :

- **le feu**, qui regroupe les signes Bélier, Lion et Sagittaire ;
- **la terre** qui regroupe les signes Taureau, Vierge et Capricorne ;
- **l'air** qui regroupe les signes Gémeaux, Balance et Verseau ;
- **l'eau** qui regroupe les signes Cancer, Scorpion et Poissons.

Afin de vous familiariser avec les symboles des signes et trouver vos propres repères, vous allez réaliser l'exercice suivant (pour un meilleur apprentissage, je vous invite à travailler sur un thème vierge et donc à photocopier la figure ci-après) :

1. repérez les symboles et notez en dessous le signe correspondant ;
2. coloriez les signes dans le thème selon l'élément auquel ils correspondent : rouge pour le feu, marron pour la terre, bleu ciel pour l'air et bleu foncé pour l'eau.

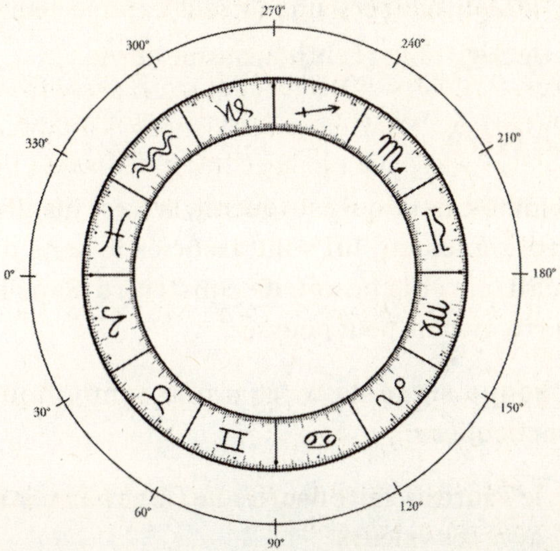

Vous remarquerez que les couleurs se suivent de manière cyclique en débutant par le rouge (le feu) pour finir par le bleu foncé (l'eau).

Le feu

Symbole de chaleur et d'énergie, le feu influe sur les signes qui lui sont associés, il donne l'impulsion générant une action et apportant de l'enthousiasme. Sans le feu, rien ne peut se créer.

Chaque signe de feu a une symbolique particulière :

- le Bélier : l'énergie de l'action ;

- le Lion : une personnalité sous les projecteurs ;
- le Sagittaire : l'enthousiasme de vie.

La terre

Symbole de ce qui est concret, la terre insuffle aux signes qui lui sont associés le sens du réalisme et le besoin de construire. Sans la terre, rien ne peut pousser.

Chaque signe de terre a une symbolique particulière :

- le Taureau : faire fleurir une vie en harmonie avec ses valeurs ;
- la Vierge : se rendre utile ;
- le Capricorne : construire son plan de vie.

L'air

Symbole de communication, l'air insuffle aux signes qui lui sont associés le besoin d'échange et de partage. Sans air, il n'y aurait plus de lien.

Chaque signe d'air a une symbolique particulière :

- les Gémeaux : la maîtrise des idées ;
- la Balance : la voix de l'harmonie ;
- le Verseau : l'esprit de liberté.

L'eau

Symbole de communion, l'eau insuffle aux signes qui lui sont associés le besoin de transcendance et de spiritualité. Sans eau, il n'y aurait plus de sens à la vie.

Chaque signe d'eau a une symbolique particulière :

- le Cancer : sensible avec son arc-en-ciel d'émotions ;
- le Scorpion : en quête de profondeur ;
- les Poissons : rêveur mystique.

XAVIER ABERT
ASTROLOGUE

« L'astrologie m'aide notamment à mettre du sens dans ce que je vis, à comprendre les différentes significations possibles de mes expériences. Ainsi, grâce à ce langage symbolique, donc infini, je m'ouvre constamment à de nouvelles prises de conscience, qui à leur tour déclenchent en moi questionnements, recherches, hypothèses… comme une aventure intérieure fabuleuse et toujours plus profonde et riche. L'astrologie m'aide ainsi à guérir peu à peu certaines blessures, et ce, grâce à la fonction bienfaisante, calmante et intégratrice de cette production de sens. Par rapport à d'autres outils ou pratiques psychospirituelles et thérapeutiques, j'aime aussi particulièrement sa dimension temporelle : le fait que l'on peut se mouvoir entre présent, passé et futur pour effectuer cette recherche personnelle. Enfin, l'intégration de son propre vécu individuel dans un collectif, des relations, ayant tous leur propre parcours énergétique astral, me semble encore plus enrichissant, et facteur de tolérance et d'humanisme. »

LES MODES

Les signes du zodiaque se subdivisent en trois groupes ou « modes » : les signes cardinaux, les signes fixes et les signes mutables.

Les signes cardinaux

Les signes du premier groupe sont appelés « signes cardinaux », ils annoncent chaque début de saison : le Bélier pour le printemps, le Cancer pour l'été, la Balance pour l'automne et le Capricorne pour l'hiver.

La particularité des signes cardinaux est qu'ils incitent à l'action et à l'ambition. Comme ce sont les premiers signes de chaque saison, ils amènent l'impulsion et donnent des tempéraments de leader. Ils ne passent pas inaperçus et aiment prendre des décisions. Ils peuvent être impulsifs dans certains cas.

Le Bélier

Sa force : l'action brute.

Sa faiblesse : son impulsivité qui peut lui jouer des tours.

Le Bélier est le moteur, son énergie stimulante incite à l'action et à aller de l'avant.

Le Cancer

Sa force : l'inspiration et le ressenti des émotions qui lui permettent d'atteindre ses objectifs.

Sa faiblesse : sa méfiance et sa forte sensibilité.

Le Cancer est le plus réceptif des signes du zodiaque, il avance et suit son chemin, porté par ses émotions. C'est l'affect qui l'incite à agir.

La Balance

Sa force : les conseils stimulants, la diplomatie.

Sa faiblesse : le besoin constant de s'entourer et de trouver son identité.

La Balance a un rôle de conseiller, un sens de la répartie et une aptitude à avoir un regard pertinent sur son environnement.

Le Capricorne

Sa force : une attitude persévérante et discrète.

Sa faiblesse : sa personnalité stricte, sa rigidité.

Le Capricorne se donne les moyens de réussir grâce à sa force de caractère et à son habilité à diriger.

Les signes fixes

Les signes du deuxième groupe représentent le milieu de saison. Ils sont nommés « signes fixes ». Le Taureau pour le printemps, le Lion pour l'été, le Scorpion pour l'automne et le Verseau pour l'hiver.

La particularité des signes fixes est la stabilité et d'évoluer selon une direction choisie. Ils continuent sur leur lancée et résistent aux retournements de situation. Contrairement aux signes cardinaux, qui sont plus des initiateurs, les signes fixes sont de meilleurs exécutants, car ils prennent le temps d'aller au bout de leur tâche.

Le Taureau

Sa force : travailler pour ses valeurs.

Sa faiblesse : difficile de changer de chemin.

Le Taureau est persévérant et va jusqu'au bout lorsqu'il trouve que cela correspond à ses valeurs premières.

Le Lion

Sa force : une personnalité loyale et exigeante.

Sa faiblesse : son ego qui lui ne fait pas admettre ses erreurs.

Le Lion est dans une démarche créative grâce à ses aptitudes, il peut être motivé par son besoin d'être admiré. Son obstination le fait difficilement lâcher prise.

Le Scorpion

Sa force : une forte perspicacité.

Sa faiblesse : son besoin de pouvoir constant.

Le Scorpion aime les recherches, il a besoin de comprendre les mystères de la vie en restant entier dans ses émotions.

Le Verseau

Sa force : sa manière de penser.

Sa faiblesse : ses convictions bien ancrées.

Le Verseau a une personnalité qui sort du lot, mais il a du mal à changer d'opinion.

Les signes mutables

Les signes du troisième groupe représentent la fin de saison. Ils sont nommés « signes mutables ». Les Gémeaux pour le printemps, la Vierge pour l'été, le Sagittaire pour l'automne et les Poissons pour l'hiver.

La particularité des signes mutables est leur capacité d'adaptation, ils représentent les fins de saison, signifiant cette facilité à changer dans tous les domaines. Ils trouvent des réponses à leurs problématiques, car ils ne restent pas figés sur des idées fixes.

Les Gémeaux

Leur force : sa réactivité intellectuelle.

Leur faiblesse : son instabilité.

Le « type » Gémeaux est un communicant, il a besoin d'échanger sur plusieurs sujets pour s'en inspirer, n'aimant pas s'attarder.

La Vierge

Sa force : son analyse, sa précision.

Sa faiblesse : son anxiété due à son besoin de perfectionnisme.

La Vierge pourrait appartenir à un signe fixe puisqu'elle est dans l'analyse du détail, mais elle sera en quête d'un quotidien qui l'inspire pour se sentir bien et pour avancer.

Le Sagittaire

Sa force : son enthousiasme à découvrir.

Sa faiblesse : sa dispersion.

Le Sagittaire a une personnalité curieuse qui aime découvrir des nouveautés, il a un caractère aventureux. Il peut s'étourdir à vouloir tester trop de nouvelles choses.

Les Poissons

Leur force : son intuition et son ressenti.

Leur faiblesse : son manque de réalisme, ses émotions exacerbées.

Les Poissons sont les derniers des signes mutables, ils sont très sensibles à leur environnement et ont besoin de vivre avec des personnes avec lesquelles ils se sentent en osmose.

Reprenez votre thème vierge et désignez par 1 le premier signe de chaque saison (signes cardinaux), par 2 le deuxième signe de chaque saison (signes fixes), et par 3 le troisième signe (signes mutables). Cela vous facilitera l'apprentissage des différents modes qui se suivent cycliquement :

- les signes 1 : Bélier, Cancer, Balance ;
- les signes 2 : Taureau, Lion, Scorpion ;
- les signes 3 : Gémeaux, Vierge, Poissons.

COMMENT ANALYSER LES DIFFÉRENTS MODES ?

Un thème peut avoir des modes plus représentés que d'autres, voici certaines règles à connaître :

- s'il y a trop de signes cardinaux : l'individu peut être dans une activité incessante qui répond à son besoin d'ambition ;
- s'il n'y a pas assez de signes cardinaux : l'individu peut manquer d'ardeur et d'émulation ;
- s'il y a trop de signes fixes : l'individu a du mal à changer sa façon de voir, il reste accroché à ses convictions ;
- s'il y a trop peu de signes fixes : l'individu aura plus de difficultés à construire quelque chose de pérenne, car il aura tendance à l'éparpillement ;
- s'il y a trop de signes mutables : l'individu peut se disperser et ne pas parvenir à trouver une véritable direction dans sa vie ;
- s'il n'y a pas assez de signes mutables : l'individu aura du mal à se remettre en question.

LES PLANÈTES

Nous allons maintenant étudier les différentes caractéristiques des planètes les plus utilisées en astrologie. Celles-ci sont comme des personnages qui auraient un rôle bien spécifique dans la vie et se sont peu à peu transformées en symboles archétypaux. Les astres nous permettent ainsi de découvrir des facettes de nous-mêmes dont nous n'avions pas spécialement conscience. Il peut être intéressant de constater qu'il existe des similitudes avec les personnages du Tarot.

Plus vous connaissez la personnalité et les caractéristiques des différentes planètes, plus vous comprendrez leur rôle dans un thème de naissance, ainsi que les interactions entre chacune d'elles.

Le Soleil, l'empereur

Premier luminaire dans le ciel, rien n'existerait sans lui. Personnage masculin et actif, le Soleil apporte la chaleur et l'énergie, c'est la première force de vie.

L'Empereur a de la puissance personnelle, il doit rayonner et avoir de l'autorité, enfin sa lumière doit guider les autres.

Le Soleil est donc symbole de l'identité première, il définit notre essence et nous guide.

La Lune, la mère, la papesse

Satellite de la Terre au symbolisme multiple, le personnage lunaire est assimilé à la mère protectrice qui couve son enfant et l'éduque. Il est maternant.

La papesse correspond plus à un personnage de pouvoir et de connaissances cachées. Elle a un rôle passif mais capital. Elle s'associe à une lune plus complexe. On rentre dans un univers flou qui ne se dévoile pas complètement.

Dans un thème de naissance, la Lune apporte des éléments sur la mère du natif, mais aussi pour un homme sur le type de femme qu'il recherche.

Ce luminaire de l'intériorité et d'un savoir secret symbolise en astrologie la sensibilité et même l'âme humaine.

Mercure, le conseiller ou ministre

Un empereur ne peut régner sans ses conseillers. Il a besoin d'avoir une vision claire et une analyse précise de la situation. Mercure communique et transmet les informations.

Mercure s'associe à l'esprit et travaille en communion avec le Soleil. Les deux astres ne sont jamais bien loin.

Symbole du mental, il apporte des informations intéressantes sur le type d'intelligence, plutôt émotionnelle ou logique.

Dans un thème natal, il peut aussi représenter la fratrie.

Vénus, l'impératrice

C'est le deuxième personnage féminin, moins complexe que la Lune mais exprimant aussi une forte féminité. Dans le Tarot, on l'associe à l'impératrice.

C'est une jeune femme fraîche qui agit avec subtilité. Symbole de douceur et d'amour, Vénus va apporter une touche d'harmonie et équilibrer la scène de vie où s'animent tous les personnages. Semblable à une muse, elle est par sa présence celle qui inspire dans les domaines de l'art et de la création. Elle est poésie et amour.

Mars, le guerrier, l'amant

C'est un combattant, il va au front sans se perdre dans des questions existentielles. Il a une énergie brute. Il symbolise un homme jeune et bien bâti, éduqué pour défendre son royaume. Doté d'un instinct brut, il représente l'action et le désir. Avec Vénus, il forme le duo de l'amour et du désir, symbole d'une relation épanouie.

Sans lui, il n'y aurait pas de motivation ni d'étincelle pour enclencher l'action.

Jupiter, le généreux, l'explorateur, l'enfant

Tout comme Mercure avec sa compréhension et son esprit d'analyse, Jupiter va vouloir extérioriser et partager ses nombreuses connaissances. Malgré son jeune âge, il présente un mental curieux et vif. Enthousiaste à l'esprit aventureux, c'est un personnage généreux. Jupiter représente la chance et peut symboliser l'enfant dans un thème.

Saturne, l'ermite, l'ancien, le grand-père

Personnage aux antipodes de Jupiter, Saturne est l'aïeul. Il représente la lenteur et la maturité. Il est dans l'intériorisation et la suspicion. C'est une personne âgée qui a l'expérience de la vie, et dont l'adage est : « Si jeunesse savait, si vieillesse pouvait. » On peut facilement l'associer à l'ermite du Tarot qui est légèrement voûté avec sa canne, mais dont la supériorité réside dans le vécu.

Uranus, le visionnaire ou l'anticonformiste

Personnage à l'âme révolutionnaire, il dispose d'une bonne aptitude au changement. Il est aussi visionnaire.

Uranus peut représenter l'invité imprévu ou l'oncle lointain. Il symbolise aussi le côté unique de chacun, qui peut être son grain de folie ou bien son côté génial.

Neptune, le rêveur mystique

Symbole de communion, Neptune représente la part religieuse ou l'aptitude à la spiritualité. Il apporte une part de mysticisme à la personnalité, avec un sentiment de faire partie de l'Univers.

Il peut être un prêtre ou un père spirituel.

Pluton, le puissant, le dominateur

Symbole de pouvoir, Pluton est là pour nettoyer et supprimer ce qui est obsolète, comme une purification. Il nous relie à notre puissance personnelle, car il a un rôle de transformation.

Comme nous allons le comprendre au fur et à mesure, ces personnages vivent et interagissent entre eux. Nous allons voir maintenant dans quels lieux.

LES MAISONS

À l'image des planètes qui peuvent symboliser des personnages, les maisons astrales représentent un domaine de la vie. Pour faciliter l'apprentissage, on peut aussi les associer à différents lieux, ce qui permettra de mieux visualiser la trame de l'histoire de vie.

Un thème astral se découpe en douze maisons astrales, comme il y a douze signes zodiacaux. Chaque maison correspond à des champs d'expériences. Vous les trouverez en éditant votre thème astral à condition de connaître votre heure de naissance. La première maison correspond à l'horizon (côté est) et la maison 7 (côté ouest).

Maison 1

Elle est la résidence principale, et si c'était une pièce spécifique, le salon, car elle représente son intérieur, mais on peut aussi y recevoir du monde.

Cette maison donne des indications sur la personnalité, son type d'énergie. Elle fait allusion à l'individu dans sa constitution de base.

Maison 2

Elle peut être un commerce ou un magasin, et si c'est une pièce spécifique, la salle à manger.

Elle est en relation avec l'argent que l'on gagne par son travail, elle est liée aux ressources. La nutrition en fait aussi partie, avec la manière d'assimiler de la nourriture.

Maison 3

Elle peut être un hôtel ou une résidence secondaire où l'on se retrouve dans un autre cadre. Si c'est un lieu public, cela peut être une bibliothèque pour étudier ou un oratoire.

Cette maison est associée aux petits déplacements, mais aussi à la communication et aux études.

Maison 4

Elle est l'habitation de l'enfance où l'individu a grandi et évolué. Elle représente les racines, ce qui touche à la tradition et à l'hérédité. C'est la maison d'où l'on vient.

Maison 5

Elle peut représenter une salle de jeux, une scène de spectacle ou encore une cour de récréation, là où l'on joue ou l'on se distrait.

Elle est le symbole des amours, de tous les plaisirs, mais aussi celui des enfants.

Maison 6

Elle est un lieu de travail, un bureau ou une infirmerie. Elle est associée au quotidien et à ce qui touche aux obligations de la vie ainsi qu'au soin.

Maison 7

Cette maison peut symboliser le lieu de vie du couple mais aussi un tribunal.

Cette maison représente tout ce qui touche aux contrats, mariage ou couples légitimes.

Maison 8

C'est la maison de ce que l'on ne veut pas particulièrement montrer. Si l'on parle d'une pièce, elle peut être associée à la cave, car elle recèle nos peurs et nos angoisses liées à la descente vers l'obscurité. Il peut aussi s'agir du cabinet d'une voyante, d'un hôtel abritant des relations clandestines ou d'une salle de marchés où s'effectuent des transactions financières.

Cette position est associée principalement à ce qui touche à la mort, à la sexualité ou à l'attrait des sciences occultes.

Maison 9

On peut imaginer une ambassade ou un pays étranger. Dans le cas d'une pièce, une grande bibliothèque pour découvrir de nouvelles choses.

Cet emplacement symbolise ce qui touche aux grands voyages et aux autres cultures. Il est aussi associé à la philosophie.

Maison 10

Cela ressemble à un château ou à un palais comme l'Élysée. Si c'est une pièce, une grande salle de réception.

Cette maison est associée à la réputation et à la notion de réussite, lorsque l'on a atteint un objectif que l'on s'était fixé. C'est le point le plus haut du thème, le zénith, qui correspond au milieu du ciel (c'est là où culmine le Soleil à midi).

Maison 11

Cela peut être un centre associatif, une fondation, un lieu de discussion de groupe, ou encore une start-up car elle est associée aux nouvelles technologies.

Cette maison est liée à l'amitié et au groupe. Elle est aussi associée aux grands projets.

Maison 12

Elle peut aussi bien être un monastère ou un ashram qu'un hôpital. Si c'est une pièce, ce serait un grenier, là où l'on pourrait découvrir un secret, en rapport avec sa lignée familiale.

Cette maison est réputée difficile, car elle est liée à l'isolement contraint ou choisi. Elle symbolise la fin d'un cycle.

LES SIGNES ET LEURS DÉCANS

Chaque signe zodiacal comporte trente degrés, divisés en trois décans. Un décan correspond en général à 10 jours. Les décans permettent de différencier les spécificités à l'intérieur d'un même signe. Un Bélier du premier décan sera différent d'un Bélier du troisième décan, car il sera plus influencé par une planète particulière.

Le premier décan est souvent associé à la sphère physique, le deuxième décan à la sphère mentale et le troisième à la sphère spirituelle.

LES SIGNES DU ZODIAQUE ET LEUR DÉCOUPAGE EN DÉCANS

Voici les dates des signes et de leurs décans. Ces dates donnent une indication des périodes de chaque signe, mais il peut y avoir un décalage d'un jour selon les années en fonction de la position du Soleil qui varie d'une année à l'autre. C'est pour cela qu'il est important de réaliser votre thème de naissance qui indiquera la position exacte de votre Soleil et vous permettra de connaître le décan de manière précise.

Bélier : 21 mars au 20 avril

- 1er décan : 21/03 au 1er/04
- 2e décan : 2/04 au 11/04
- 3e décan : 12/04 au 20/04

Taureau : 21 avril au 20 mai

- 1er décan : 21/04 au 1er/05
- 2e décan : 2/05 au 11/05
- 3e décan : 12/05 au 20/05

Gémeaux : 21 mai au 21 juin

- 1er décan : 21/05 au 31/05
- 2e décan : 1/06 au 10/06
- 3e décan 11/06 au 21/06

Cancer : 22 juin au 22 juillet

- 1er décan : 22/06 au 1er/07
- 2e décan : 2/07 au 12/07
- 3e décan : 13/07 au 22/07

Lion : 23 juillet au 22 août

- 1er décan : 23/07 au 1er/08
- 2e décan : 2/08 au 12/08
- 3e décan : 13/08 au 22/08

Vierge : 23 août au 22 septembre

- 1er décan : 23/08 au 3/08

→

- 2e décan : 4/08 au 12/09
- 3e décan : 13/09 au 22/09

Balance : 23 septembre au 22 octobre

- 1er décan : 23/09 au 3/10
- 2e décan : 4/10 au 14/10
- 3e décan : 15/10 au 22/10

Scorpion : 23 octobre au 22 novembre

- 1er décan : 23/10 au 2/11
- 2e décan : 3/11 au 12/11
- 3e décan : 13/11 au 22/11

Sagittaire : 23 novembre au 21 décembre

- 1er décan : 23/11 au 2/12
- 2e décan : 3/12 au 12/12
- 3e décan : 13/12 au 21/12

Capricorne : 22 décembre au 20 janvier

- 1er décan : 22/12 au 2/01
- 2e décan : 3/01 au 11/01
- 3e décan : 12/01 au 20/01

Verseau : 21 janvier au 18 février

- 1er décan : 21/01 au 31/01
- 2e décan : 1er/02 au 10/02
- 3e décan : 11/02 au 18/02

Poissons : 19 février au 20 mars

- 1er décan : 19/02 au 28/02
- 2e décan : 1er/03 au 10/03
- 3e décan : 11/03 au 20/03

Voici en détail, les caractéristiques des trois décans pour chaque signe.

Le Bélier

Le premier signe du zodiaque ne commence pas au début de l'année, mais bien au début du printemps, symbole de renouveau. Il entame donc la série, ses caractéristiques sont l'action et le commencement.

Cet animal à corne est symbole de force, il est celui qui impulse les choses en ayant le courage d'agir. Il peut soulever des montagnes, car il a la capacité d'avancer coûte que coûte grâce à son enthousiasme et à sa capacité de leadership.

Comme nous l'avons vu dans le précédent chapitre, le Bélier est un signe de feu et de mode cardinal. Entreprendre et agir par instinct font partie de ses caractéristiques. Sa nature est masculine.

La planète **Mars** domine ce signe.

Premier décan

Ce premier décan est gouverné par la planète Mars (le guerrier), ce qui double l'influence de cette planète. La nature de ce Bélier est encore plus ardente et énergique. Elle indique un caractère impulsif ayant un fort impact.

Le deuxième décan

Il est gouverné par le soleil (l'empereur), exprimant un duo Mars/Soleil (guerrier/empereur). Sa nature va être plus charismatique et axée sur la confiance en soi. Le Soleil lui confère un besoin de briller.

Le troisième décan

C'est la planète Vénus (impératrice) qui influence ce décan. Le duo Vénus/Mars (impératrice/guerrier) est un symbole de passion, de rencontre de l'amour et de désir. C'est le décan le plus réceptif des trois.

Le Taureau

Deuxième signe du zodiaque, signe de terre et de mode fixe, comme nous l'avons vu. Le Taureau est aussi un animal à corne, mais, contrairement au Bélier, il est beaucoup plus posé, aime prendre son temps et profiter de la vie. Il recherche avant tout la tranquillité et la sécurité, qui doit être aussi matérielle. Il reste connecté à la terre et attaché à ses valeurs. Il est de nature féminine.

La planète **Vénus** domine ce signe.

Premier décan

Mercure (le conseiller) est la planète maîtresse de ce décan qui lui apporte des facilités expressives non négligeables. Personnalité dotée de bon sens avec une bonne analyse qui lui permet d'accroître ses ressources matérielles.

Deuxième décan

La Lune (la mère/papesse) influence ce Taureau qui développe une grande intuition, avec une forte sensibilité empreinte de délicatesse. Le duo Lune/Vénus (les deux aspects féminins) est symbole de douceur et de tendresse.

Troisième décan

Saturne (l'ermite) apporte un côté rigide à la personnalité ainsi qu'une bonne assise. Ce Taureau prend encore plus son temps avant d'agir, pesant le pour et le contre. Il reste prudent.

Les Gémeaux

Ce signe double est lié à l'intellect, il est avide de connaissance et a besoin d'être stimulé mentalement. Si ce n'est pas le cas, il s'ennuiera assez vite. Signe mutable et d'air, il donne l'impression d'avoir une personnalité légère qui se pose là où elle a besoin de s'inspirer pour ensuite repartir vers d'autres aventures.

Mercure est sa planète maîtresse.

Premier décan

Neptune (le rêveur mystique) s'associe à Mercure (le conseiller) pour apporter de fortes intuitions et capacités intellectuelles qui lui permettent d'exceller dans son domaine.

Deuxième décan

Il est maîtrisé par la planète Mars (le guerrier) qui lui donne un côté combatif et actif. Son comportement est vif, dynamique. Il peut s'exprimer d'une manière franche, ne se laissant pas faire.

Troisième décan

Le soleil (l'empereur) apporte un certain charisme et une prestance, ce décan sait jouer de son comportement et sa manière d'être est vite remarquée. Il a l'instinct de réussite sociale.

Le Cancer

Premier signe d'eau, le cancer est doté d'une grande sensibilité. Son besoin principal est de trouver un cocon où il se trouvera bien. Il est attaché à sa famille et à ses racines, ou bien il trouvera une famille d'adoption.

La **Lune** gouverne ce signe.

Premier décan

Vénus (l'impératrice) apportera du charme à ce natif, de la douceur. L'imagination de ce Cancer pourra se révéler dans la création artistique.

Deuxième décan

Mercure (le conseiller) lui apporte de l'inspiration dans ses idées et des facilités dans la sphère de la communication. Ce décan se nourrit de rencontres et d'échanges.

Troisième décan

Avec une double influence lunaire, ce décan est doté d'une sensibilité encore plus forte. C'est une personnalité que l'on ne cerne pas facilement, liée à la nature même de la Lune (la mère/papesse).

Le Lion

Gouverné par le **Soleil** (l'empereur), le lion est un signe qui aime être admiré et mis en valeur. Son besoin de briller lui fera choisir une carrière où il pourra révéler sa personnalité créative. De nature fixe, ce signe de feu est fidèle, ses actes sont empreints de loyauté.

Premier décan

Influencé par la planète Saturne (l'ermite), ce natif est doté d'un sens du sérieux. Il n'aura pas peur de prendre des responsabilités et ceux qui le côtoient se sentiront en confiance avec lui.

Deuxième décan

Ce décan se trouve à l'opposé du premier, il sera beaucoup plus enthousiaste, avec un côté « folie des grandeurs ». Avec l'influence de Jupiter (le généreux), rien ne sera trop beau pour lui.

Troisième décan

Pluton, planète de la puissance, va apporter un côté plus dynamique à ce décan, mais va aussi le pousser à aller au-delà de sa zone de confort. Les personnalités s'affirment et ont un fort caractère, parfois brûlant.

La Vierge

La Vierge a comme qualité le souci du détail, si elle trouve une activité qui lui correspond, elle ne rechignera pas à travailler consciencieusement. Elle aime rendre service et se sentir utile.

La planète **Mercure** gouverne ce signe.

Premier décan

Influencé par le Soleil (l'empereur), ce décan est de nature habile, aimant être un peu plus dans la lumière. Il est recherché pour son aide efficace et sa fine analyse.

Deuxième décan

Cette Vierge est dotée d'une énergie vénusienne (l'impératrice) qui rajoute un côté plus sentimental à son caractère. Son regard pertinent à l'affût du moindre détail sera un atout supplémentaire, principalement dans le domaine artistique.

Troisième décan

Ce dernier décan est gouverné par Mercure (le conseiller). L'astre est donc représenté deux fois. La personnalité est portée sur l'analyse avec un besoin constant de tout décortiquer.

La Balance

La Balance a la réputation d'être diplomate, elle sait trouver des compromis entre les personnes. L'autre est source d'inspiration et sa présence est fondamentale.

La planète **Vénus** gouverne ce signe.

Premier décan

L'impact de la Lune (la mère/papesse) rend ce natif encore plus sensible et réceptif. Son imagination est débordante avec une grande sensibilité pour l'art.

Deuxième décan

Saturne la planète (l'ermite), la plus sérieuse, apporte une touche plus rigoureuse à cette personnalité. De nature plus raisonnable, il sera plus facile pour elle de faire des choix que pour les autres décans. La sphère du travail est très importante.

Troisième décan

Jupiter (le généreux) stimule ce natif, développant un enthousiasme dans ses sentiments. Sa particularité est qu'il va se battre pour des sujets qui le motivent, surtout s'il y a des problèmes d'injustice.

Le Scorpion

C'est le signe du zodiaque le plus complexe, il est doté d'une forte personnalité, devenant même excessif dans ses sentiments ou dans ses actes. Il arrive quelquefois qu'il se fasse du mal à lui-même.

Pluton est sa planète associée.

Premier décan

Ce scorpion est le plus combatif. Influencé par les planètes Mars et Pluton (le guerrier et le puissant), son besoin de pouvoir est plus fort, il ne lésinera pas sur les moyens pour arriver à ses fins.

Deuxième décan

Influencé par Uranus (le visionnaire), ce natif a besoin de sortir du lot. Il peut se révéler anticonformiste et original. Il pourra avoir du mal à se faire comprendre par les autres.

Troisième décan

Vénus (l'impératrice) rend ce dernier décan plus axé sur les sentiments, qui seront toujours puissants, avec un besoin de vivre des moments passionnés emplis de sensualité.

ROSINE BRAMLY
ASTROLOGUE

« L'astrologie et moi, une grande histoire d'amour depuis quarante-sept ans. C'était en septembre 1972, après différentes expériences difficiles, j'étais de retour chez mes parents. À l'époque, ma mère avait rencontré une astrologue qui lui dit que j'allais rentrer des États-Unis et que je trouverais la passion de ma vie. Résultat : j'étais en dépression. Cette femme, que je rencontrai à mon tour, me dit : “Arrête de pleurer, je vais t'apprendre l'astrologie.” Le livre d'éphémérides à la couverture argentée d'André Barbault se mit à briller devant mes yeux, ce fut un contact fulgurant. Je sus avec certitude que c'était ça et je découvris avec joie la richesse des signes et des planètes. Je n'ai jamais cessé d'étudier depuis, avec la même passion, un enthousiasme qui ne peut mourir qu'avec moi. Les personnes qui me rencontrent savent que mes éphémérides ne sont jamais loin de moi et que je les ouvre à toute occasion pour voir ce qui se passe dans la vie des gens que je croise. Après toutes ces années de pratique, j'aide des familles qui viennent me voir, souvent sur plusieurs générations. On comprend tellement les gens dans leur différence, et on sait que l'on ne doit pas attendre d'un Scorpion de ne pas avoir d'angoisses ou d'un Bélier jeune d'être patient et calme. Ce sont des choses dont ils ne sont pas capables. On voit aussi comment une personne progresse au fil des années, comment Saturne ou Pluton peuvent vous changer et changer votre vie. Et ça n'a pas de prix ! »

Le Sagittaire

Sa nature est enthousiaste et curieuse. Il aime découvrir de nouveaux horizons et s'imprégner de cultures différentes. Pour ce signe de nature mutable couplée à l'élément feu, la vie devient une aventure.

Le Sagittaire est gouverné par **Jupiter**.

Premier décan

La découverte se fait d'une manière plus intellectuelle avec l'influence de Mercure. L'évasion pourra se vivre avec des livres ou par tout ce qui stimulera l'intellect.

Deuxième décan

L'astre lunaire influence ce signe de feu, lui apportant une touche de douceur et un besoin de vivre aussi des moments intimes à l'opposé de sa soif de découverte et d'aventure.

Troisième décan

Saturne va doter ce décan d'un côté sérieux et travailleur. Il pourra trouver son équilibre dans un travail alliant évasion et voyages propres à son signe.

Le Capricorne

Ce signe de nature cardinale et d'élément terre dote le natif de qualités de persévérance et d'ambition. Il est le troisième signe à corne après le Bélier et le Taureau. Il a besoin de se fixer des objectifs, car il aime avoir une vision claire à court, moyen et long termes.

Sa planète maîtresse est **Saturne**.

Premier décan

Même si le Capricorne a la réputation d'avoir les pieds sur terre, avec l'influence de Jupiter, ce natif dégagera plus d'enthousiasme. Il sera moins austère. Doté de valeur d'intégrité, il sera perçu comme une personne fiable et empreinte de justice.

Deuxième décan

Mars apporte une touche de dynamisme à ce natif, ressentant une forte impulsion pour agir afin de parvenir à atteindre des objectifs bien définis.

Troisième décan

Un aspect sérieux, mais empreint d'une touche d'originalité, par l'influence d'Uranus. Ce natif a besoin que cela bouge autour de lui, il sera apte à trouver des idées efficaces qui sortent de l'ordinaire et sera à même de les mettre en place avec sérieux.

Le Verseau

Idéaliste parfois utopiste, le Verseau est le signe qui a le plus besoin d'indépendance. Il peut être attiré par les nouvelles technologies, car il a toujours un temps d'avance. Il aime aussi faire partie de projets qui s'expriment dans le sens de ses idéaux ou qui font avancer la société et le bien-être collectif. Signe d'air et de nature fixe.

Il est régi par **Uranus**.

Premier décan

Avec un duo Vénus-Uranus, le natif peut être sujet au coup de foudre. La sphère affective prend une forte place dans sa vie, où beaucoup de changements sont possibles, car il aime surprendre et être surpris.

Deuxième décan

Ce natif est plus dans le mental, son esprit est vif et les idées originales fusent. Mercure lui apporte des capacités pour toutes les nouvelles technologies. Ce décan est un avant-gardiste qui peut faire bouger les choses et les faire évoluer.

Troisième décan

Ce natif présente un côté plus rêveur par l'influence de Neptune. Il peut même sembler visionnaire. Son intuition le guide pour trouver des idées extraordinaires, mais certaines peuvent rester utopiques.

Les Poissons

Signe prédisposé au monde sensible, les Poissons sont les seuls à ne vivre que dans l'eau. Ils ont besoin d'être dans leur monde, celui des émotions et des sentiments. Très réceptifs, ils peuvent absorber les énergies des lieux et des êtres qui les entourent. Ils peuvent avoir l'impression d'avoir un rôle de sauveur. C'est un signe mutable et d'élément eau.

Les Poissons sont influencés par **Neptune**.

Premier décan

Saturne apporte un côté plus terrien au signe, de même qu'un côté plus sérieux ou austère. Ce natif mettra du temps à trouver sa place, mais sa persévérance lui permettra d'atteindre son but. Il a du mal à voir la vie d'une manière légère.

Deuxième décan

Contrairement aux natifs du premier décan, ces Poissons sont plus enthousiastes et curieux grâce à l'influence de Jupiter. Ils font preuve d'une grande générosité et de l'envie d'aider leur prochain. Ils ont besoin de développer leur confiance en soi.

Troisième décan

Mars associé à Neptune influence l'énergie de ce signe, qui sera normalement plus combattant et plus enclin à agir. Mais l'association de ces deux planètes est complexe, en effet les Poissons peuvent avoir du mal à sortir de leur monde, basé sur l'imaginaire et le rêve. L'action ne sera donc pas favorisée et ce natif sera plus difficile à cerner.

LES ASPECTS

Nous allons à présent aborder les aspects qui correspondent à l'écart angulaire entre deux planètes. Les aspects permettent d'analyser un thème et de comprendre les interactions entre les planètes, c'est-à-dire au niveau psychologique les différentes facettes de la personnalité. Il existe des aspects majeurs dont l'influence sera plus importante et des aspects mineurs. Nous étudierons ici seulement les aspects majeurs, qui peuvent être harmoniques ou dynamiques :

- les conjonctions (aspects harmoniques ou dynamiques) ;

- les sextiles et les trigones (aspects harmoniques généralement représentés en bleu) ;
- les carrés et les oppositions (aspects dynamiques matérialisés en rouge).

Les écarts angulaires entre les planètes sont appelés « orbes ». Plus l'aspect est exact, plus il a de l'importance dans un thème. Mais, souvent, cet écart n'est pas exact et il existe des degrés de tolérance. Pour débuter, vous n'avez qu'à répertorier les aspects indiqués sur votre carte. Vous pouvez aussi aller sur le site Astrotheme, dans les « Paramètres d'affichage », cochez la case « Afficher les aspects et position des planètes » puis cliquez sur « Réafficher ». Vous pouvez à présent lire la liste des aspects majeurs : conjonctions, oppositions, carrés, trigones et sextiles pour chaque planète.

☌ *Les conjonctions (aspects harmoniques et dynamiques)*

À la fois aspect harmonique et dynamique, les conjonctions correspondent à la position de deux planètes qui se trouvent l'une à côté de l'autre, on dit qu'elles sont conjointes (entre 0 et 10° d'orbe). Elles vont collaborer ou se tolérer comme elles peuvent. Dans le cas de planètes douces, comme Vénus et la Lune, cela va augmenter leur synergie, car elles sont dans la même sensibilité (l'impératrice et la mère/papesse). En revanche, dans une conjonction Mars/Lune, ce sera différent, car la première aura une emprise sur l'autre, l'agressivité de Mars peut attaquer la sensibilité de la Lune. Donc, selon les cas, les effets de cet aspect seront différents.

✱ *Les sextiles (aspects harmoniques)*

Ils correspondent à un écart de 60° entre deux planètes. Cet aspect symbolise une harmonie et donne de la facilité, car il y a une bonne entente entre les planètes. Elles dialoguent facilement et se soutiennent entre elles, on parle de « cohésion créative ».

△ *Les trigones (aspects harmoniques)*

Ils correspondent à un écart de 120° entre deux planètes, celles-ci se trouvent dans des signes de même élément. Les énergies s'expriment facilement. Cet aspect apporte aussi de la facilité, les planètes se renforcent entre elles et annoncent des aptitudes ou des talents. Il est considéré comme encore plus positif que le sextile, mais peut conduire à l'inertie.

□ *Les carrés (aspects dynamiques)*

Ils correspondent à un écart de 90° entre deux planètes. Il y a alors de la tension entre les deux planètes, ce qui peut créer des frustrations. Les énergies de ces planètes n'arrivent pas à s'accorder et rentrent en conflit. C'est aussi un aspect moteur et dynamique qui demande à l'individu de se battre pour arriver à trouver son équilibre.

☍ *Les oppositions (aspects dynamiques)*

Elles correspondent à un écart de 180° entre deux planètes. Dans cette configuration d'influence moins forte que pour les carrés, les planètes se font face et se dynamisent. Une planète peut alors prendre le dessus sur l'autre, ce qui peut créer une certaine instabilité.

Il existe un seuil de tolérance par rapport aux degrés que nous avons indiqués. Ils peuvent différer selon les astrologues, mais, en général, il y a 10° d'orbe pour la conjonction et l'opposition, jusqu'à 8° pour le trigone, jusqu'à 5° pour le sextile et 6° pour le carré.

PEUT-ON DIRE QU'UN THÈME EST POSITIF OU NÉGATIF ?

Peut-on dire qu'un thème composé de sextiles et de trigones est ce qui il y a de mieux pour une personne ? L'expérience montre que la qualité d'un thème ne dépend pas du nombre d'aspects harmonieux. Le fait d'avoir plusieurs types d'interaction entre les planètes apporte ce qu'il faut de tension pour avoir envie d'agir et de se surpasser, et des temps de récupérations et de facilité. Les aspects tendus comme les carrés parsèment nos vies de challenges tandis que les aspects harmonieux peuvent laisser nos potentiels en sommeil par manque de motivation. L'intérêt d'étudier son thème est de pouvoir connaître ses zones de tensions mais aussi d'équilibre afin de trouver des solutions concrètes.

LES SIMILITUDES ET LES MAÎTRISES

En astrologie, nous retrouvons les mêmes caractéristiques pour les maisons, les planètes et les signes. Il est important d'intégrer ces similitudes. Avec de la pratique, vous pourrez classer les éléments de nature similaire, ce qui vous permettra d'avoir une vision plus globale d'un thème.

Les douze signes du zodiaque et les douze maisons ont globalement la même signification et sont reliés :

- le Bélier et la maison 1 : le Moi, ma personnalité ;
- le Taureau et la maison 2 : mes valeurs, l'argent que je gagne avec mon travail ;
- les Gémeaux et la maison 3 : mon intellect, mes études ;
- le Cancer et la maison 4 : ma famille, mon intériorité ;
- le Lion et la maison 5 : mes plaisirs, mes amours, mes enfants ;
- la Vierge et la maison 6 : mon travail, ma santé ;
- la Balance et la maison 7 : mon équilibre, mes contrats ;

- le Scorpion et la maison 8 : mes crises, ma vérité ;
- le Sagittaire et la maison 9 : mon idéal, ma philosophie ;
- le Capricorne et la maison 10 : mes objectifs, ma réussite ;
- le Verseau et la maison 11 : mes amitiés, mes grands projets ;
- les Poissons et la maison 12 : mes sacrifices, ma transcendance.

Chaque planète est aussi associée à un ou plusieurs signes, on dit qu'elle maîtrise ce signe :

- la planète Mars maîtrise le Bélier ;
- la planète Vénus maîtrise le Taureau et la Balance ;
- la planète Mercure maîtrise les Gémeaux et la Vierge ;
- la Lune maîtrise le Cancer ;
- le Soleil maîtrise le Lion ;
- la planète Pluton maîtrise le Scorpion ;
- la planète Jupiter maîtrise le Sagittaire ;
- la planète Saturne maîtrise le Capricorne ;
- la planète Uranus maîtrise le Verseau ;
- la planète Neptune maîtrise les Poissons.

Illustrons ce système de similitudes par un tableau récapitulatif :

Maisons	Signes	Planètes
Maison 1	Bélier	Mars
Maison 2	Taureau	Vénus
Maison 3	Gémeaux	Mercure
Maison 4	Cancer	Lune
Maison 5	Lion	Soleil
Maison 6	Vierge	Mercure
Maison 7	Balance	Vénus
Maison 8	Scorpion	Pluton
Maison 9	Sagittaire	Jupiter
Maison 10	Capricorne	Saturne
Maison 11	Verseau	Uranus
Maison 12	Poissons	Neptune

La figure ci-dessous vous permet de visualiser en un clin d'œil les similitudes entre les saisons, les modes, les planètes, les éléments et les signes.

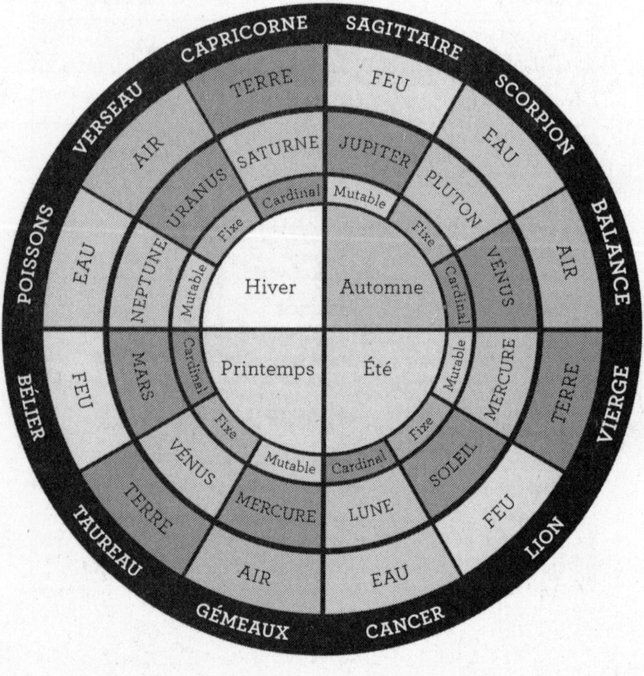

2

INTERPRÉTEZ VOTRE THÈME DE NAISSANCE ET DÉPLOYEZ VOTRE IMAGINAIRE

Chapitre 1

Décodez votre thème astral en trois étapes clés

Pour pouvoir facilement vous initier à l'astrologie, je vous conseille de travailler sur votre propre thème et de l'imprimer *via* un site Internet gratuit. Allez-y pas à pas et ne vous découragez pas ! L'étude de l'astrologie demande de l'observation, de la patience, de la persévérance et une dose d'intuition.

Pour réaliser votre thème gratuitement et simplement, je vous conseille le site Astrotheme.fr. Il est très pratique pour avoir les bases. Dans le menu de gauche, dans l'onglet « Astrologie et Personnalité » choisissez « Ascendant et thème astral » : il ne vous reste plus qu'à renseigner vos informations pour faire apparaître votre carte astrale.

Lorsque vous verrez votre dessin apparaître, allez sur « Paramètres d'affichage » et décochez « Afficher les aspects mineurs » ainsi que la case « Afficher les astéroïdes », puis cliquez sur « Réafficher ». Le thème présenté sera alors simplifié, ce qui est idéal pour débuter.

PREMIÈRE ÉTAPE : OBSERVEZ LA POSITION DES PLANÈTES DE VOTRE THÈME

Pour analyser un thème, vous allez tout d'abord observer la position des planètes et indiquer leur signe et leurs degrés en arrondissant au degré supérieur. Ce dernier est annoté à côté de chaque symbole de couleur (les planètes). Occupez-vous des dix planètes principales dessinées dans le graphique : Repérez d'abord le Soleil et la Lune (les deux luminaires) puis Mercure, Vénus, Mars, Jupiter, Saturne et enfin Uranus, Neptune, Pluton.

Pour mieux comprendre la lecture d'un thème, prenons un cas pratique, celui de Julie née le 28 janvier 1963 à Marseille à 11 heures du matin. Voici les informations que nous avons relevées en arrondissant les degrés :

- Soleil : 8° en Verseau ;
- Lune : 16° en Poissons ;
- Mercure : 22° en Capricorne ;
- Vénus : 21° en Sagittaire ;
- Mars : 18° en Lion ;
- Jupiter : 15° en Poissons ;
- Saturne : 14° en Verseau ;

- Uranus : 5° en Vierge ;
- Neptune : 16° en Scorpion ;
- Pluton : 12° en Vierge.

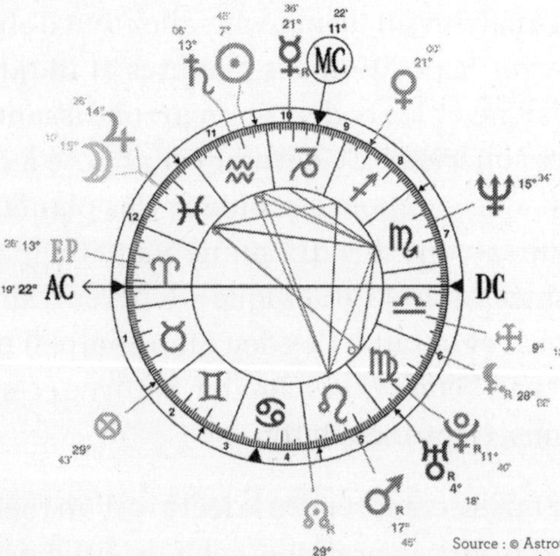

Source : © Astrotheme
www.astrotheme.fr

La ligne d'horizon partage le ciel en passant par le Bélier (AC : l'ascendant) et la Balance (DC : le descendant). Sept planètes sont visibles dans le ciel (au-dessus de cet axe) et trois sont invisibles.

L'astrologie étant assez complexe, il est préférable pour débuter de se concentrer d'abord sur le Soleil, la Lune et l'ascendant (si vous avez l'heure de naissance). Les deux luminaires représentent ce que nous sommes, notre énergie vitale : le Soleil représente notre identité et sera source de rayonnement, et la Lune notre intériorité, notre sensibilité et notre ressenti. L'ascendant donnera des informations supplémentaires sur notre personnalité, il nuancera l'énergie du Soleil.

Bon à savoir : Si l'un des luminaires se trouve sur l'ascendant, sa force sera amplifiée.

Pour résumer, nous avons besoin de diriger notre attention sur ce qui caractérise une personne :

- le Soleil : le message de son être ;
- la Lune : le message de son âme ;
- l'ascendant : le message de sa personnalité.

DEUXIÈME ÉTAPE : DÉFINISSEZ L'ÉLÉMENT ET LE MODE POUR LE SIGNE DU SOLEIL, DE LA LUNE ET DE L'ASCENDANT

Dans notre exemple :

- le Soleil est en Verseau, signe d'air ;
- la Lune est en Poissons, signe d'eau ;
- l'ascendant est en Bélier, signe de feu.

Julie dispose dans son thème de trois éléments. Son identité se révélera par l'air, avec un besoin de liberté et d'échanges, mais sa nature profonde sera plus discrète, elle aura au fond d'elle-même un besoin de communion et de douceur. Sa personnalité « feu » lui apportera un côté spontané et actif.

La force des énergies d'air et de feu, très dynamique, exprime un caractère fort, dominant et indépendant, mais cache une grande sensibilité intérieure. Elle devra trouver le moyen de combler cette faille, invisible de l'extérieur.

À VOUS !

Sur votre propre thème, identifiez à quels éléments appartiennent le Soleil, la Lune et l'ascendant. Pour vous aider, vous pouvez vous référer à la figure présentée dans « Les similitudes et les maîtrises » p. 59.

Nous allons maintenant utiliser ce que nous avons vu précédemment sur les différents modes et voir comment ils apportent des informations pertinentes sur les trois éléments de base d'un thème : le Soleil, la Lune et l'ascendant.

Toujours en se référant à la figure ci-dessus, on peut constater que dans notre exemple :

- le Soleil est en Verseau dont le mode est fixe ;

- la Lune est en Poissons dont le mode est mutable ;
- l'ascendant est en Bélier dont le mode est cardinal.

Julie a une personnalité équilibrée puisque les trois modes sont représentés. De manière générale, dans sa façon d'être, elle sera ambitieuse avec une ligne bien précise, mais au niveau émotionnel, il pourra y avoir des remises en question et des besoins de changement, si le bien-être n'est pas ressenti.

TROISIÈME ÉTAPE : ANALYSEZ LES AUTRES PLANÈTES DE VOTRE THÈME

Déterminez le mode dominant, c'est-à-dire celui qui est représenté par le plus grand nombre de planètes, et le mode le plus faible.

Pour le thème de Julie, cela donne par exemple :

Modes	Planètes	Nombre de planètes selon leur mode
Cardinal	Mercure	1
Fixe	Mars, Neptune, Soleil, Saturne	4
Mutable	Pluton, Uranus, Vénus, Jupiter, Lune	5

Éléments	Planètes	Nombre de planètes selon leur élément
Feu	Mars, Vénus	2
Terre	Uranus, Pluton, Mercure	3
Air	Soleil, Saturne	2
Eau	Neptune, Jupiter, Lune	3

On constate que les éléments sont équilibrés, mais que le mode cardinal est un peu moins présent, ce qui pourrait indiquer un manque pour initier des choses. Mais, comme nous l'avons vu, son ascendant en signe cardinal comble cette insuffisance.

À VOUS !

Remplissez le tableau suivant avec les informations fournies par votre propre thème :

Modes	Planètes	Nombre de planètes selon leur mode
Cardinal		
Fixe		
Mutable		

Éléments	Planètes	Nombre de planètes selon leur élément
Feu		
Terre		
Air		
Eau		

Qu'en déduisez-vous ? Quel est le mode et l'élément de votre ascendant ? Qu'apporte-t-il ?

Chapitre 2

Développez votre capacité d'analyse d'un thème

DÉCRYPTEZ LES MESSAGES DU SOLEIL ET DE LA LUNE ET DÉCOUVREZ LEUR PLANÈTE MAÎTRESSE

Nous pouvons maintenant développer l'analyse du thème de Julie (précédemment illustré p. 65). Pour cela, aidez-vous particulièrement de la figure de la p. 62 qui sera votre boussole tout au long de l'étude ainsi que du tableau des maîtrises p. 61.

Soleil : 8° en Verseau, maison 11.

- **Le Soleil** se trouve dans le premier décan du Verseau, il est maîtrisé par Uranus et le décan par Vénus : « Avec un duo Vénus-Uranus, le natif peut être sujet au coup de foudre. La sphère affective prend une forte place dans sa vie, où beaucoup de changements sont possibles, car il aime surprendre et être surpris. »

- **La maison 11** est apparentée aussi au Verseau qui symbolise les amitiés et les grands projets.
- **Uranus** maîtrise le signe et la maison du Soleil.

Lune : 16° en Poissons, maison 12.

- **La Lune** se trouve dans le deuxième décan des Poissons qui est maîtrisé par Neptune : « Contrairement aux natifs du premier décan, ces Poissons sont plus enthousiastes et curieux grâce à l'influence de Jupiter. Ils font preuve d'une grande générosité et de l'envie d'aider leur prochain. Ils ont besoin de développer leur confiance en soi. »
- **La maison 12** est apparentée au signe des Poissons symbolisant sacrifices et transcendance.
- **Neptune** maîtrise le signe et la maison de la Lune.

À VOUS !

De la même manière, entraînez-vous avec les autres planètes du thème de Julie :

- Mercure : 22° en Capricorne maison 10 ;

  ....
- Vénus : 21° en Sagittaire maison 9 ;

  ....
- Mars : 18° en Lion maison 5 ;

  ....
- Jupiter : 15° en Poissons maison 12 ;

  ....
- Saturne : 14° en Verseau maison 11 ;

  ....
- Uranus : 5° en Vierge maison 6 ;

  ....
- Neptune : 16° en Scorpion maison 7 ;

  ....
- Pluton : 12° en Vierge maison 6.

  ....

Maintenant, vous allez travailler sur votre propre thème : analysez les décans et les maisons de votre Soleil et de votre Lune. Qu'en déduisez-vous ?

LAISSEZ-VOUS EMPORTER PAR L'HISTOIRE DES PERSONNAGES

L'astrologie occidentale propose toujours plusieurs directions d'interprétation. Comme nous l'avons vu, chaque maison peut englober plusieurs domaines, mais nous retrouvons des symboles clés qui pourront être décryptés par l'intuition personnelle. Le Soleil et la Lune sont comme des personnages qui jouent une scène de vie, laissez-vous guider et imaginez comment ils communiquent entre eux et avec leur environnement.

Le cas de Julie

Observons les conjonctions indiquées sur la carte pour le Soleil et la Lune (voir le point « Les aspects » p. 54) :

- le Soleil 8° est en conjonction avec Saturne 14° ;
- la Lune 16° est en conjonction avec Jupiter 15°.

Le Soleil se trouve en maison 11, il est associé à Saturne en Verseau.

- **La scène :** Nous allons reprendre les caractéristiques développées précédemment. Le but est de voir mentalement le film que décrit la scène, puis de se laisser guider par notre intuition. Plus on entre dans les personnages, plus notre vision s'élargira.

  L'empereur et l'ermite sont associés, ils travaillent en binôme. L'empereur est l'énergie vive, c'est lui qui dirige le royaume, son aura lui permet de se faire respecter et d'imposer sa loi. L'ermite que représente Saturne est un vieil homme qui n'a plus trop de force, mais il a la connaissance et la sagesse de la maturité. L'ambition de l'empereur peut être freinée par la rigidité du vieil homme qui semble connaître tous les problèmes, puisqu'il les a déjà vécus dans le passé. Il va obliger l'empereur à ralentir et à réfléchir. Le Verseau étant un signe d'air, les deux personnages communiquent. Mais comme il s'agit d'un signe fixe, il y a peu d'adaptabilité, la ligne de conduite restera toujours la même.

- **Le lieu de l'action :** Imaginons une association. L'action se passe dans un endroit où plusieurs personnes d'une même assemblée interviennent, et où il faut savoir gérer les susceptibilités et les ego de chacun. C'est à cet endroit précisément que l'empereur va avoir envie d'agir, car il aime s'entourer d'amis ou de personnes ayant un même centre d'intérêt et donner du sens à des projets collectifs.

Au niveau de sa personnalité, l'empereur semble avoir un caractère un peu austère. Sa lumière semble être affaiblie par l'influence de Saturne, symbolisée par le vieil homme, même s'il a beaucoup d'idées innovantes. On ressent chez lui de la maturité, de l'expérience, mais aussi un petit côté pessimiste.

La Lune est en maison 12, elle est associée à Jupiter en Poissons.

Maintenant, allons plus loin dans l'analyse avec ce qui peut être déduit du symbole lunaire.

- **La scène :** La Lune, symbole de la mère, ce personnage de guidance qui représente sa sensibilité profonde ou son intuition, est associée à Jupiter, l'enfant. Imaginons une mère et son enfant ensemble, une certaine énergie de douceur mais aussi d'enthousiasme se dégage de cette union. Le signe des Poissons inscrit cette scène dans le monde des émotions, les personnages se ressentent, ils sont en harmonie et s'adaptent selon la situation vécue.

- **Le lieu de l'action :** La scène pourrait se passer dans un endroit clos et caché, les personnages restent entre eux, il n'y a aucune extériorisation, car il y a peut-être un secret de famille ou une histoire qui n'a pas été révélée.

	Soleil	Lune
Leur signe	Verseau	Poissons
Leur maison	Maison 11	Maison 12
Le lieu choisi	Une association	Une cachette
Leur énergie	Air	Eau
Leur mode	Fixe	Mutable
Les planètes associées (conjonctions)	Saturne (ermite)	Jupiter (explorateur, enfant)

Le cas de Marie

Prenons un autre exemple : le cas de Marie née le 23 décembre 1948 à 19 heures à Paris.

Observons les conjonctions indiquées sur la carte pour le Soleil et la Lune :

- le Soleil 2° est en conjonction avec Mercure 8° et Jupiter 9° ;
- la Lune 9° est en conjonction avec Neptune 15°.

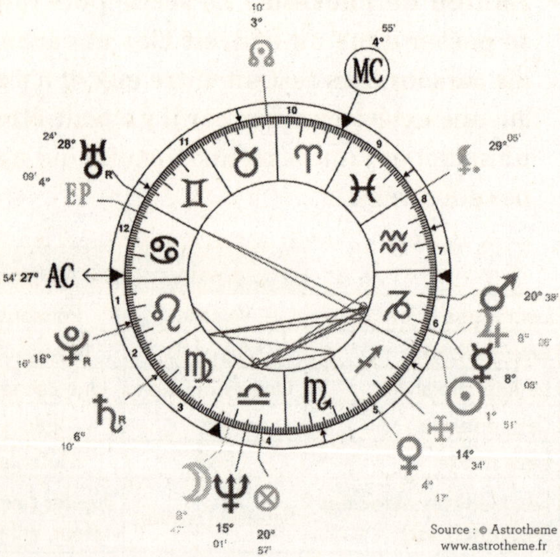

Source : © Astrotheme
www.astrotheme.fr

Le Soleil se trouve en maison 6, il est conjoint à Jupiter et Mercure en Capricorne.

- **La scène :** L'empereur a une personnalité vraiment différente de la précédente, il a à ses côtés deux conseillers, Jupiter, l'explorateur, qui va lui donner de l'entrain pour découvrir de nouvelles choses en lui faisant voir la vie en grand, et Mercure, son ministre, qui lui apportera la réflexion et les idées.

  L'explorateur et le ministre vont aussi collaborer, ce qui évoque un esprit de découverte avec, pourquoi pas, le goût des langues étrangères et une belle dialectique, donc de bonnes capacités intellectuelles.

- **Le lieu de l'action :** Cela peut être dans un bureau ou un endroit où l'on travaille quotidiennement. Le mode cardinal confère à ces trois personnages une ligne de conduite avec des objectifs précis et ambitieux. Nous sommes dans un signe de Terre, par conséquent l'action est concrète.

  Au niveau de sa personnalité, l'empereur rayonne par son esprit, il n'a pas peur d'aller de l'avant et de développer ses potentiels multiples. Il mettra toute son énergie dans son travail d'analyse.

La Lune est associée à Neptune en Balance en maison 4.

- **La scène :** Sa sensibilité est associée à Neptune dans le signe de la Balance. Imaginons alors cette papesse qui reçoit un don spirituel. Elle a déjà beaucoup de capacités, mais elle a en plus un sixième sens, lui apportant inspiration et imagination.
- **Le lieu de l'action :** C'est la maison familiale, celle des racines, où il y a une quête d'équilibre et un besoin de justice. C'est un lieu de diplomatie, où un couple peut trouver sa place.

Peut-être son sixième sens est-il un héritage familial qui lui permet de conseiller spirituellement les autres afin de les aider à trouver leur voie, ou bien cette capacité peut s'exprimer dans l'inspiration artistique, et parfois mystique.

Dans cet exemple précis, la Lune mystique peut être en conflit avec le Soleil ambitieux. Les deux sont dans deux énergies différentes, l'une est dans l'élément terre et l'autre dans l'élément air.

	Soleil	Lune
Leur signe	Capricorne	Balance
Leur maison	Maison 6	Maison 4
Le lieu choisi	Un bureau	La maison familiale
Leur énergie	Terre	Air
Leur mode	Cardinal	Cardinal
Les planètes associées (conjonctions)	Jupiter (explorateur) et Mercure (ministre, conseillé)	Neptune (part spirituelle)

Le cas d'Eden

Eden est née le 6 avril 1960 à 22 heures à Londres.

Observons les conjonctions indiquées sur la carte pour le Soleil et la Lune :

- le Soleil n'est pas en conjonction avec une autre planète ;
- la Lune est en conjonction avec Uranus (17°).

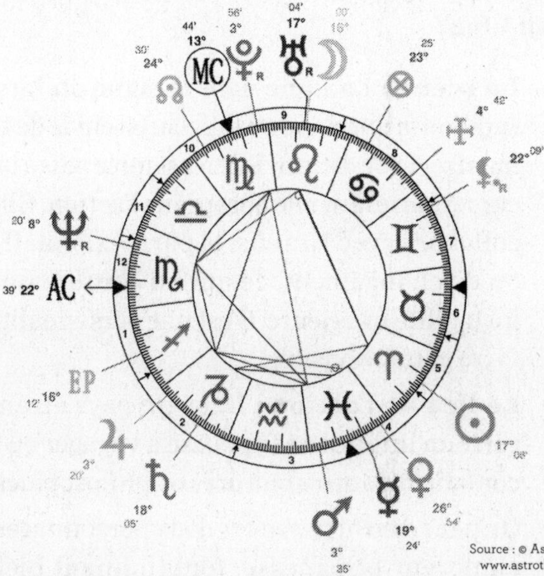

Source : © Astrotheme
www.astrotheme.fr

Le Soleil est en maison 5 en Bélier.

- **La scène :** L'empereur est seul dans son signe de feu. Il a un caractère combattant et impulsif. Il aime être dans l'action.
- **Le lieu de l'action :** On peut imaginer une scène de théâtre. Cet empereur aime jouer la comédie et avoir différents rôles. Sa vie

est un spectacle, il prendra des risques sur scène s'il sent qu'il s'amuse. Il a besoin qu'on l'apprécie pour ses talents.

La Lune est associée à Uranus en maison 9 en Lion.

- **La scène :** La Lune dans le signe du Lion symbolise une papesse qui a aussi envie de se montrer et de diriger. Elle ressemble plus à un empereur, étant elle aussi dans l'action. Elle collabore avec Uranus, la part visionnaire ou de changement, ce qui lui confère une instabilité intérieure. C'est une personnalité forte et imprévisible.
- **Le lieu de l'action :** Dans un pays étranger. Son intériorité la pousse à voyager ou à connaître d'autres cultures ou philosophies.

On peut conclure que ces deux personnages, empereur et papesse, fonctionnent bien ensemble. Ils sont dans les mêmes énergies et ont les mêmes objectifs. Le mode cardinal et fixe apporte cependant un manque de flexibilité.

L'envie de jouer et de se montrer est exprimée par la maison 5 et le Lion. Bouger et agir est aussi important.

	Soleil	Lune
Leur signe	Bélier	Lion
Leur maison	Maison 5	Maison 9
Le lieu choisi	Une scène de spectacle	Un pays étranger
Leur élément	Feu	Feu
Leur mode	Cardinal	Fixe
Les planètes associées (conjonctions)	Aucune	Uranus (part visionnaire ou de changement)

À VOUS !

À présent, vous pouvez vous lancer en imaginant la scène de votre empereur et de votre papesse.
Notez dans le tableau ci-dessous les informations de votre thème de naissance.

	Soleil	Lune
Leur signe		
Leur maison		
Le lieu choisi		
Leur élément		
Leur mode		
Les planètes associées (conjonctions)		

→

Qu'observez-vous ?

....

› Est-ce que votre empereur a les mêmes objectifs que votre papesse ?

....

› Travaillent-ils en communion ?

....

› Comment percevez-vous ces personnages ? Vous ressemblent-ils ?

....

› Racontez des anecdotes précises pouvant illustrer la nature de ces personnages.

....

Nous avons vu qu'il était important d'analyser en premier : le Soleil, la Lune. Mais pour obtenir des éléments de compréhension supplémentaires, il convient de connaître la planète qui maîtrise l'ascendant et sa position dans le thème :

- **Le cas de Julie :** L'ascendant est en Bélier. La planète qui maîtrise ce signe est Mars qui se trouve en Lion en maison 5. Cela signifie que la personnalité est portée par le « guerrier » qui aime agir dans en environnement propice aux jeux (maison 5) et qui aimera se faire plaisir (Lion). La maison 5 et le Lion sont similaires (voir tableau ci-avant).

- **Le cas de Marie :** L'ascendant est en Cancer. La planète qui maîtrise ce signe est la Lune qui se trouve en Balance en maison 4. Cela signifie que la personnalité est portée par la « mère/papesse » qui aimera profiter d'un environnement familial (maison 4) serein et harmonieux (Balance).
- **Le cas d'Eden :** L'ascendant est en Scorpion. La planète qui maîtrise ce signe est Pluton qui est en Vierge en maison 9. Cela signifie que la personnalité est portée par le « puissant/transformateur » qui agira dans les domaines philosophiques, religieux ou à l'étranger (maison 9) grâce à son analyse pointue du sujet (Vierge).

ÉCOUTEZ LES PLANÈTES DIALOGUER ENTRE ELLES

Les planètes de Julie

La Lune et Jupiter sont conjointes en Poissons et forment un carré à la planète Vénus en Sagittaire.

- La Lune dit : « Je me sens bien et inspirée, j'ai toutes les connaissances à portée de main, recevez avec amour et compassion ce que je perçois. »
- Jupiter répond à la Lune : « Je vais te faire découvrir encore plus de choses et je vais t'amener encore plus loin dans tes découvertes spirituelles et mystiques. »
- Vénus s'adresse au groupe : « Ne m'oubliez pas ! J'ai tant besoin d'amour et même si j'en donne beaucoup, je ne me sens pas tout à fait comblée, j'ai envie de vivre des aventures qui me stimulent et de faire des voyages. Je ne veux pas vivre que dans mes rêves et mes intuitions. »

Les planètes de Marie

Le Soleil est en Capricorne, conjoint aux planètes Jupiter et Mercure, ils forment un trigone avec Saturne dans le signe de la Vierge.

- Le Soleil dit : « J'ai de la force pour travailler et j'ai besoin d'une activité quotidienne pour me sentir bien, je me sens épaulé par Mercure et Jupiter. Elles m'apportent de nombreuses idées afin d'atteindre mes objectifs et me permettent de m'épanouir dans mon travail. »

- Saturne répond : « Oui, tu es épanoui dans ton travail, mais moi, je vais t'apporter la stabilité, le sérieux et aussi la persévérance pour pérenniser ta réussite. »

À VOUS !

Imaginez un dialogue entre vos planètes... En vous inspirant des dialogues imaginaires qui illustrent les cas de Julie et de Marie, essayez à votre tour de faire parler vos planètes personnelles. Cela vous permettra de mieux comprendre votre mode de fonctionnement.

EXPLOREZ LES DIFFÉRENTS CHEMINS INDIQUÉS PAR LES AXES

Pour l'étude des axes, on procède de la manière suivante :

- tout d'abord, vous allez noter le signe complémentaire au vôtre, c'est-à-dire le signe opposé à votre Soleil (ce thème sera développé dans la partie 4 « Déployez vos potentiels grâce à l'étude de votre signe et de son signe complémentaire » p. 167) ;
- puis vous allez repérer le signe ascendant et le signe descendant (pointe de la maison 1 et

de la maison 7) afin d'obtenir une deuxième analyse de votre personnalité. Elle rajoute une couleur supplémentaire à ce que vous êtes et à vos interactions avec les autres ;

- enfin, vous pourrez regarder l'axe qui relie le fond du ciel au milieu du ciel (pointe de la maison 4 et de la maison 10), qui est l'axe du destin. Vous observerez alors vers quoi vous devez tendre, ce qu'il est important d'atteindre et d'où vous venez.

Le cas de Julie

Reprenons l'exemple de Julie (née le 28 janvier 1963 à Marseille à 11 heures du matin).

Les axes sont les suivants :

- le premier axe concernant le Soleil : Verseau/ Lion ;
- le deuxième axe pour l'ascendant/descendant : Bélier/Balance ;
- le troisième axe pour le fond du ciel/milieu du ciel : Cancer/Capricorne.

Pour l'axe concernant les signes du Cancer et du Capricorne, Julie devra trouver un équilibre entre ses responsabilités familiales et professionnelles. L'influence familiale a dû être marquante puisque le fond du ciel est en

Cancer. Julie sera poussée vers le Capricorne pour se réaliser.

Concernant sa personnalité, le Verseau indépendant va à la rencontre de son signe complémentaire le Lion. Julie devra trouver un équilibre entre ses désirs de grands projets et ceux plus individuels. Cela sera moins compliqué pour elle, puisque son ascendant Bélier lui apportera l'énergie nécessaire pour entreprendre individuellement ce qui l'intéresse. Par le descendant Balance, elle devra tout de même se confronter aux réactions des autres.

Le cas de Laura

Maintenant intéressons-nous au thème de Laura (née le 10 mai 1960 à Paris à 15 heures) :

- Soleil Taureau 20° ;
- Lune Scorpion 11° ;
- Mercure Taureau 12° ;
- Vénus Taureau 9° ;
- Jupiter R* Capricorne 3° ;
- Saturne R Capricorne 19°.

---

* Le R signifie que la planète est « rétrograde », c'est-à-dire qu'elle semble aller dans le sens inverse de sa trajectoire habituelle.

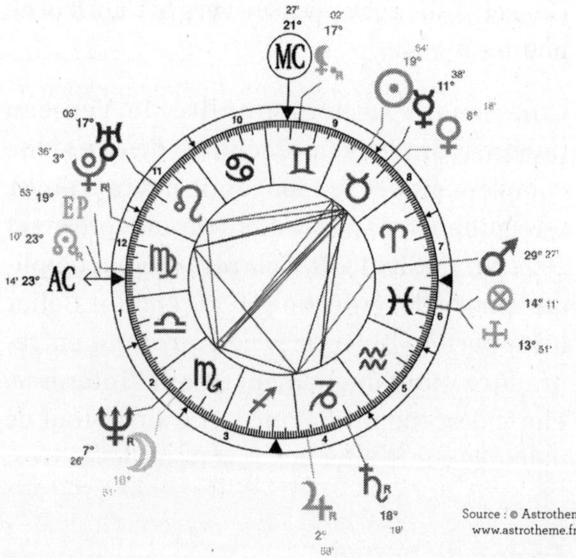

Source : © Astrotheme
www.astrotheme.fr

Les axes sont les suivants :

- le premier axe concernant le Soleil : Taureau/Scorpion ;
- le deuxième axe pour l'ascendant/descendant : Vierge/Poissons ;
- le troisième axe pour le fond du ciel/milieu du ciel : Sagittaire/Gémeaux.

Son ascendant Vierge donne à Laura cette capacité à seconder les autres, à avoir un esprit critique qui lui permet d'avoir une bonne analyse. Avec son descendant en Poissons, elle est attirée par les personnes intuitives et mystérieuses. Elle sera principalement marquée dans ce cheminement d'abnégation et de don de soi.

En ce qui concerne sa personnalité, elle sera attirée par les biens, les investissements, les acquisitions et mettra l'accent sur un travail utile (Vierge). Un équilibre sera à trouver entre l'accumulation des biens et le rejet d'une possessivité excessive (Scorpion).

Pour le fond et le milieu du ciel, Laura, dont l'origine doit sûrement être marquée par la philosophie et des idéaux élevés, voudra évoluer vers un travail intellectuel avec de riches échanges avec les autres.

Grâce à ses capacités liées à son sens de l'analyse (Vierge) et à ses origines portées par ses idéaux (philosophie, religion ou spiritualité) (Sagittaire), elle pourra réussir à aider à sa manière (Vierge/Poissons) ceux qu'elle côtoie pour vivre en harmonie avec ses valeurs (Taureau).

CONSEILS POUR MÉMORISER LES SYMBOLES ET SPÉCIFICITÉS DES SIGNES ET DES PLANÈTES

Pour apprendre rapidement à mémoriser les bases de l'astrologie, je vous conseille d'intégrer en premier les symboles des signes et des astres. Chaque signe a une énergie particulière et exprime à lui seul un message. Plus vous regarderez et mémoriserez ces symboles, plus vous sentirez que vous rentrez dans ce nouvel univers, celui de l'astrologie.

› Commencez par imprimer chaque symbole sur une carte, vous obtiendrez ainsi douze signes et dix planètes. L'idée est ensuite de tirer au sort une carte est de dire le plus rapidement possible à quoi elle correspond. Quand vous aurez passé cette première étape, vous pourrez associer une planète à un signe.

Je vous conseille aussi de tenir un cahier et de noter vos impressions. Est-ce qu'il y a des difficultés pour un signe ou une planète en particulier ? Est-ce que des associations d'idées vous viennent en tête ? Tout est intéressant à noter. Vous pourrez peut-être par la suite comprendre certaines choses au moment d'analyser votre thème astral.

› Puis imprimez les personnages associés aux planètes. Cela vous permettra de travailler votre imagination et votre intuition.

› Maintenant, vous pouvez associer les caractéristiques de base de chaque signe afin de créer des automatismes. Si vous voulez utiliser des cartes, notez-y différentes caractéristiques et essayez de trouver à quel signe elles correspondent. Certaines peuvent être associées à plusieurs signes, le but est de trouver la ligne directrice de chaque signe et de laisser parler votre intuition. Amusez-vous en explorant chaque facette d'un signe.

Au fur et à mesure, vous parviendrez à comprendre un Bélier ou un Verseau, car vous aurez intégré l'archétype dominant chez eux. Quand cela deviendra naturel, c'est que vous aurez réussi à mettre en place les bons automatismes.

3

APPROFONDISSEZ VOTRE THÈME AVEC LES PLANÈTES, SYMBOLES DE PUISSANTS MESSAGES

Dans cette partie, nous allons étudier les planètes dans chaque signe du zodiaque puis dans chaque maison ainsi que leurs interactions des planètes entre elles. Vous disposerez ainsi d'informations et de clés de compréhension sur les différents aspects et maisons pour chaque planète identifiée à des personnages, ce qui vous permettra de faire une analyse plus précise de votre thème.

Pour une meilleure compréhension des développements qui vont suivre, il est important de bien repérer les aspects (conjonctions, sextiles, trigones, carrés et oppositions) de votre thème grâce à leurs couleurs (en général le bleu est utilisé pour les aspects harmoniques et le bleu pour les aspects dynamiques) ou en réglant les paramètres d'affichage sur Astrotheme : cochez « Afficher les aspects et position des planètes » puis cliquez sur « Réafficher » (voir page 64).

Dans les descriptions ci-après, les aspects de « conjonction » sont symbolisés par la rencontre entre deux planètes ou personnages.

Chapitre 1

Le Soleil, l'empereur du royaume

C'est la position du Soleil dans notre signe qui nous définit en premier. Nous avons déjà développé toutes les caractéristiques des signes dans le point « Les signes et leurs décans » p. 36. Le Soleil représente le souverain en nous, notre force de vie.

Le Soleil dans les différentes maisons

- **Soleil en maison 1 ou le Roi Soleil :** Imaginez ce souverain dans son magnifique intérieur. C'est lui le chef, il dégage une certaine vitalité. Sa personnalité engagée fait la différence, on ne peut que le remarquer.
- **Soleil en maison 2 ou le roi des finances :** Ce souverain va faire le maximum pour faire fructifier ses biens, mais aussi les dépenser. Son énergie se focalisera sur ses valeurs.

- **Soleil en maison 3 ou le roi de la rhétorique :** Ce souverain va aller à la rencontre des autres pour échanger et discuter. Tout ce qui touche à l'expression orale est valorisé.
- **Soleil en maison 4 ou le roi de la famille :** Ce souverain va s'orienter facilement vers ce qui est lié à la famille, qu'il a déjà ou qu'il va se créer. Il préférera l'intérieur de son royaume à la vie publique extérieure.
- **Soleil en maison 5 ou le roi des plaisirs :** Ce souverain va être attiré par tout ce qui peut exprimer sa créativité, cela peut être lié aux enfants et à tout ce qui a trait au plaisir, aux amours.
- **Soleil en maison 6 ou le roi du service :** Ce souverain a un esprit d'entraide et apprécie un travail régulier qui peut être lié au domaine de la santé.
- **Soleil en maison 7 ou le roi des liens :** Ce souverain a besoin de créer des liens, le mariage, par exemple, peut être important comme le besoin de vivre avec un partenaire pour ne pas se retrouver seul.
- **Soleil en maison 8 ou le roi des remises en question :** Ce souverain passera par des étapes importantes dans sa vie de crises et de remises en question. Il avancera grâce à ses transformations intérieures.

- **Soleil en maison 9 ou le roi d'un idéal élevé :** Ce souverain va se diriger vers tout ce qui pourra élargir sa vision du monde et son esprit. Il aura soif de connaissances, car il sera en quête d'un monde idéal.
- **Soleil en maison 10 ou le roi de la reconnaissance :** Ce souverain va miser sur ses capacités afin de développer sa renommée. Il est symboliquement sur son trône dans son palais.
- **Soleil en maison 11 ou le roi des associations :** Ce souverain aimera s'entourer d'amis. Il aura les compétences parfaites pour gérer une équipe.
- **Soleil en maison 12 ou le roi des secrets :** Ce souverain aimera bien s'isoler ou poursuivre un chemin en solitaire, même si son attitude n'est pas comprise des autres. Il aura besoin de se comprendre lui-même pour mettre en lumière son potentiel, souvent lié au domaine de la spiritualité.

Le Soleil à la rencontre des autres

Observons maintenant comment ce roi va réagir face aux autres personnages du monde astral.

Le Soleil et la Lune

En conjonction : quand l'empereur rencontre la papesse, leurs forces sont décuplées, car ils forment une nouvelle unité. L'aspect apporte dynamisme et stimulation.

En aspects harmoniques : les deux souverains travaillent en harmonie, d'où un équilibre entre le féminin et le masculin.

En aspects dynamiques : il peut exister des tensions internes puisque ce que l'on dégage et ce que l'on ressent est différent.

Le Soleil et Mercure

En conjonction : quand l'empereur rencontre son conseiller, l'aspect est vif et rapide. La conjonction est le seul aspect majeur possible, car Mercure ne s'éloigne jamais beaucoup du Soleil.

Le Soleil et Vénus

En conjonction : quand l'empereur rencontre l'impératrice, leur relation est empreinte de douceur, de chance et de sens artistique. Comme pour Mercure, la conjonction est le seul aspect majeur que l'on pourra observer.

Le Soleil et Mars

En conjonction : quand l'empereur rencontre le guerrier, leur relation est dynamique et dans l'action, ce qui donne un tempérament fort et entreprenant.

En aspects harmoniques : l'énergie est plus maîtrisée, ce qui facilite toutes les actions entreprises.

En aspects dynamiques : cette configuration peut donner une personnalité sujette aux conflits qui va au-delà de ses propres limites.

Le Soleil et Jupiter

En conjonction : quand l'empereur rencontre l'explorateur ou le généreux, l'horizon se dégage et de nombreuses opportunités s'ouvrent. Comme si les portes s'ouvraient plus facilement. L'optimisme et la confiance sont là.

En aspects harmoniques : tout devient plus facile, la chance est souvent présente. Cela donne une personnalité de nature généreuse.

En aspects dynamiques : la pondération n'est

pas le point fort. C'est une personnalité qui peut vite fatiguer, car elle est en veut toujours plus et attend de fait beaucoup des autres.

Le Soleil et Saturne

En conjonction : quand l'empereur rencontre l'ermite, la relation est alors empreinte de prudence et de retenue. Saturne rigidifie l'identité solaire.

En aspects harmoniques : la personnalité est sérieuse appréciant les choses concrètes et rationnelles. L'objectif fixé est maintenu, car on fait preuve de beaucoup de persévérance.

En aspects dynamiques : un côté un peu austère peut se dégager. Saturne frustre les envies et peut casser la confiance en soi, surtout pendant la jeunesse. Mais, cette planète étant associée au temps, la personnalité va se bonifier avec l'âge, et l'aspect sera mieux maîtrisé.

Le Soleil et Uranus

En conjonction : quand l'empereur rencontre le visionnaire, qui peut être aussi anticonformiste, l'énergie du Soleil prend une teinte toute différente. Le Soleil ne ressemblera à personne d'autre car il aura une personnalité originale, empreinte d'impulsivité et d'indépendance.

En aspects harmoniques : une ouverture d'esprit pousse l'individu à découvrir de nouvelles idées ou créations.

En aspects dynamiques : on observe plus le côté impulsif, original et rebelle de la personnalité, qui ne sera pas toujours facile à suivre.

Le Soleil et Neptune

En conjonction : quand l'empereur rencontre le rêveur, il n'est plus vraiment dans la réalité, il se laisse guider par son intuition et son imagination, ce qui ne lui donne pas toujours une vision très claire de ses objectifs.

En aspects harmoniques : le don de soi fait partie de cette personnalité qui a de belles facilités pour tout ce qui est non palpable. Le monde de l'imaginaire est source de réalisation.

En aspects dynamiques : l'imagination est toujours débordante, mais l'individu peut vouloir vivre dans ses rêves au lieu de se réaliser dans l'existence. Il peut se laisser berner ou manipuler par manque de confiance en soi.

Le Soleil et Pluton

En conjonction : quand l'empereur rencontre le puissant, une nouvelle force se met en place activant le magnétisme du Soleil. L'empereur a soif de pouvoir et peut avoir une tendance autodestructrice.

En aspects harmoniques : la personnalité est forte et aime avoir de l'influence. De belles capacités pour comprendre et explorer les profondeurs de l'inconscient. Cette configuration facilite l'accès à un certain pouvoir.

En aspects dynamiques : l'intensité des émotions peut amener à des colères et à des conflits. La personne est d'abord en lutte avec elle-même, car elle n'atteint pas l'apaisement. Son besoin de pouvoir et de domination demande du temps afin d'être compris et dompté.

Chapitre 2

La Lune, la papesse ou la mère du royaume

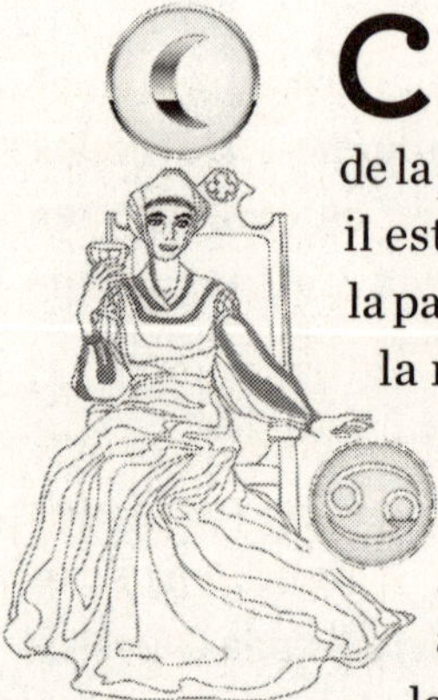

Ce luminaire correspond à la part féminine et intuitive de la personnalité, à l'intériorité, il est symbolisé par la mère ou la papesse. Lorsqu'il représente la mère, il définit la douceur et la sensibilité, apportant la nourriture nécessaire pour un réel équilibre affectif. Quand il représente la papesse, il se définit alors comme l'astre d'une certaine connaissance cachée dont la force est plus discrète. Il représente aussi le message de l'âme. En général, la position de la Lune dans le thème correspond à l'univers où l'on va mettre son intention, même si c'est de manière inconsciente. Il risque d'y avoir de l'instabilité dans ce même domaine. La Lune peut aussi signifier un rapport avec le public.

La Lune dans les différentes maisons

- **La Lune dans la maison 1 ou la sensibilité intuitive :** Imaginez cette femme dans son intérieur dégageant de la féminité par son côté sensible et réceptif. Elle sera portée par ses émotions, ce qui pourra parfois la rendre lunatique.
- **La Lune dans la maison 2 ou les possessions fluctuantes :** Cette femme va vouloir se sentir en sécurité que ce soit au niveau matériel ou émotionnel. Ce qui ne sera pas toujours chose facile, car l'argent va et vient sauf si le travail est relié à la sphère intuitive.
- **La Lune dans la maison 3 ou l'intelligence émotionnelle :** Cette femme ressent les potentiels des autres, elle n'est pas dans l'analyse mais ressent les choses. Son intelligence est le plus souvent émotionnelle.
- **La Lune dans la maison 4 ou l'attachement familial :** Cette femme aura besoin d'appartenir à un clan ou à une famille. Le choix de l'habitation est important, avec des déménagements possibles.
- **La Lune dans la maison 5 ou la créative sentimentale :** Cette femme va exprimer son potentiel dans le domaine créatif, artistique

ou avec des enfants. Au niveau sentimental, elle sera sujette aux coups de cœur.

- **La Lune dans la maison 6 ou les humeurs au quotidien :** Cette femme est très proche de ses émotions, son quotidien n'est pas toujours facile, comme trouver un travail stable et sécurisant par exemple. Le domaine dans lequel elle exerce pourrait être l'aide ou le soin.
- **La Lune dans la maison 7 ou le relationnel intuitif :** Les relations avec les autres sont importantes et peuvent être instables. Il y a beaucoup d'émotionnel dans le choix de ses associations. Trouver le partenaire idéal peut faire partie de la quête pour équilibrer l'émotionnel.
- **La Lune dans la maison 8 ou la puissance émotionnelle :** Les ressentis intérieurs sont forts, d'où une vie qui risque d'être jalonnée de remises en question et de transformations. Cette femme est symbole de puissance.
- **La Lune dans la maison 9 ou l'apprentissage de la vie :** Cette femme va puiser à la source de nouvelles connaissances, car la compréhension du monde la stimule. L'univers de la philosophie, des connaissances sacrées et des voyages nourrira son intériorité.

- **La Lune dans la maison 10 ou l'appel de la réussite :** Cette femme aura des opportunités pour se révéler aux yeux des autres et être reconnue pour son travail. La carrière est très importante.
- **La Lune dans la maison 11 ou l'inspiration du groupe :** Cette femme se sentira dans son élément si elle fait partie d'un groupe ou si elle est au centre de grands projets. L'amitié est du coup une de ses principales valeurs, et ses relations amicales seront certainement trop prises à cœur.
- **La lune dans la maison 12 ou les secrets du cœur :** Cette femme dégage du mystère, comme si elle avait bloqué l'accès à sa sphère émotionnelle. Peut-être cache-t-elle un épisode de sa vie qui l'a fermée ? Son monde intérieur reste sa source d'inspiration.

La sensibilité selon les signes

- **La Lune guerrière en Bélier :** Une âme tournée vers l'action et l'impulsivité. Un côté très masculin.
- **La Lune douce en Taureau :** Une âme tournée vers les valeurs traditionnelles et la recherche de stabilité. Un côté très féminin.

- **La Lune bavarde en Gémeaux :** Une âme tournée vers l'esprit et la connaissance en général avec un côté versatile et inconstant. La communication est très importante, mais peut être superficielle.
- **La Lune sensible en Cancer :** Une âme connectée à sa sphère émotionnelle, tout est ressenti avec une force incroyable. L'affectif est très important. Le symbole de la mère par excellence.
- **La Lune rayonnante en Lion :** Une âme reliée à la création ou à l'image projetée, avec un besoin de reconnaissance, de briller ou de se montrer.
- **La Lune bienveillante en Vierge :** Une âme qui n'exprimera pas ses émotions facilement, car elle aimera se rattacher à tout ce qui est rationnel. Il y a un besoin de se rendre utile dans une activité qui demande de la méthode ou de l'analyse.
- **La Lune conciliante en Balance :** Une âme qui recherchera l'harmonie et l'équilibre, et sera animée par l'envie de créer du lien avec ceux qui l'entourent, particulièrement avec celui ou celle qui accompagne sa vie.
- **La Lune puissante en Scorpion :** Une âme qui se cherchera et qui analysera tous les recoins de sa psyché. Les sentiments sont

forts et intenses, ce qui peut conduire à des moments d'abattement.

- **La Lune curieuse en Sagittaire :** Une âme qui a besoin de ressentir un sentiment de liberté et d'ouverture vers le monde. Son enthousiasme, sa curiosité et sa vision de la vie lui procurent des opportunités.
- **La Lune ambitieuse en Capricorne :** Une âme sérieuse qui a besoin de trouver ses propres marques pour avancer. Peu démonstrative et souvent solitaire, elle a toutefois des ambitions de réussite qu'elle atteindra par sa persévérance.
- **La Lune originale en Verseau :** Une âme qui sort de l'ordinaire, mais qui a du mal à exprimer ses émotions. Son esprit alerte lui permet de concevoir des idées ou des projets que personne n'aurait imaginés. Il y a un réel besoin de liberté, mais aussi de créer des liens de fraternité.
- **La Lune mystique en Poissons :** Une âme qui relie les âmes. Une sensibilité extrême, presque à fleur de peau, lui donne des dons mystiques ou de médiumnité. Cette trop forte réceptivité peut vraiment être déstabilisante pour la personne elle-même ou son entourage.

La Lune à la rencontre des autres

Voyons maintenant comment cette mère/ papesse va réagir face aux autres personnages du monde astral.

La Lune et Mercure

<u>En conjonction :</u> quand la mère/papesse rencontre le ministre du royaume, c'est l'intuition et l'intelligence qui s'associent pour donner un esprit raffiné.

<u>En aspects harmoniques :</u> l'émotionnel de la mère fait bon ménage avec le côté intellectuel du ministre. Cela donne des qualités dans l'expression et la compréhension de ce que les autres expriment.

<u>En aspects dynamiques :</u> l'intellect et l'émotionnel ont du mal à trouver un équilibre, ce qui peut apporter de la confusion dans l'esprit de la personne, mais aussi dans la perception que les autres ont d'elle.

La Lune et Vénus

<u>En conjonction :</u> quand la mère/papesse rencontre l'impératrice, c'est l'intuition qui s'associe à la beauté et à l'art. C'est un monde

féminin en osmose. On peut tomber aussi dans la facilité.

En aspects harmoniques : le sens artistique et du beau est très prononcé, il apporte élégance, raffinement et douceur. Cet aspect est très romantique.

En aspects dynamiques : le besoin affectif est très important et il n'est pas toujours facile de se sentir comblé par une relation.

La Lune et Mars

En conjonction : quand la mère/papesse rencontre le guerrier, leurs divergences s'expriment clairement. Ils ne sont pas du tout du même univers et n'ont pas les mêmes objectifs. Le guerrier va apporter de l'énergie et de la force pour combattre.

En aspects harmoniques : l'énergie dégagée va amener le besoin d'indépendance et de trouver sa place grâce à son courage et à son audace.

En aspects dynamiques : Un caractère toujours actif et jamais réellement en paix avec lui-même et les autres. La tension reste toujours forte, car il y a toujours une envie de se battre contre les autres.

La Lune et Jupiter

En conjonction : quand la mère/papesse rencontre l'explorateur/généreux, l'intuition et l'émotion s'associent à l'abondance. On retrouve donc beaucoup de positif et de chance. C'est une personnalité féconde et positive.

En aspects harmoniques : beaucoup de générosité et de réussite. Tout est possible.

En aspects dynamiques : La générosité va alors vers l'excès.

La Lune et Saturne

En conjonction : quand la mère/papesse rencontre l'ermite, les émotions sont plus posées. L'ermite apporte son côté austère et rigide, comme si cette mère se transformait en grand-mère. Cela donne à la personnalité le sens du sérieux.

En aspects harmoniques : de nombreuses qualités de droiture et de contrôle qui apportent de la détermination.

En aspects dynamiques : les relations sont moins spontanées et l'on ne se dévoile pas facilement. Du coup, il peut y avoir des manques émotionnels qui influent sur la vie affective.

La Lune et Uranus

En conjonction : quand la mère/papesse rencontre le visionnaire, le duo est électrique, les émotions sont vives et changeantes. Avec cette configuration, tout peut devenir imprévisible. L'inspiration peut parfois donner des idées géniales.

En aspects harmoniques : on attire tout ce qui sort de l'ordinaire, il y a un besoin constant de vouloir sortir du cadre. La liberté fait partie des premières valeurs.

En aspects dynamiques : les contraintes sont mal acceptées, de même que tout ce qui est routinier. L'esprit est vif, mais peut aller dans tous les sens, ce qui se traduit par un manque de concentration.

La Lune et Neptune

En conjonction : quand la mère/papesse rencontre le rêveur mystique, tout ce qui touche au spirituel, à l'imaginaire et à l'intuition est amplifié, ce qui peut apporter des dons de clairvoyance.

En aspects harmoniques : le sixième sens permet d'être guidé dans les choix de vie, avec beaucoup de créativité et d'inspiration.

En aspects dynamiques : la personne peut devenir une vraie éponge émotionnelle et vivre des situations floues, avec peu de sens des réalités.

La Lune et Pluton

En conjonction : quand la mère/papesse rencontre le puissant, de nombreuses forces impliquant la sphère émotionnelle se mettent en action, parfois de manière instinctive. L'envie de domination peut alors se révéler.

En aspects harmoniques : beaucoup de perspicacité et de magnétisme révélant une personnalité forte qui sait se relever lorsqu'il le faut.

En aspects dynamiques : un côté autodestructeur ou dominateur peut empêcher de trouver un équilibre de vie satisfaisant. Tout ce qui touche à l'émotionnel est sensible et peut conduire à des crises.

Chapitre 3

Mercure, le ministre du royaume

Nous avons vu que la planète Mercure avait les attributs d'un ministre ou d'un conseiller. C'est lui qui sera la matière grise du royaume. Il apportera les idées et les réflexions. Vous pouvez imaginer un personnage qui porterait sous le bras des dossiers et des documents à signer. Il aimera glaner des informations chez tout le monde. Nous allons voir comment, selon sa nature et sa maison astrale, il interagira.

Mercure dans les différentes maisons

- **Mercure dans la maison 1 ou l'esprit réactif :** Intelligence vive et franc-parler. Imaginez ce ministre dans son salon, il s'exprime tel qu'il est.

- **Mercure dans la maison 2 ou l'esprit pratique :** Il sera à l'aise dans cette maison qui peut symboliser un commerce ou un magasin. Il sera habile pour gagner de l'argent.
- **Mercure dans la maison 3 ou l'esprit de la connaissance :** Quelle meilleure position que d'avoir ce conseiller dans la maison de la communication ? Les échanges sont facilités ainsi que le goût des études ou de la connaissance.
- **Mercure dans la maison 4 ou l'esprit de la famille :** Ce conseiller pourra avoir un rôle à jouer au niveau familial, il pourra être imprégné de traditions et sera plus modéré dans sa communication.
- **Mercure dans la maison 5 ou l'esprit créatif :** Ce conseiller pourra aimer communiquer ou travailler avec des enfants. Tout ce qui est ludique est mieux assimilé, comme tout ce qui touche aux spectacles et à la scène en général.
- **Mercure dans la maison 6 ou l'esprit méthodique :** Si ce conseiller ou ministre évolue dans un bureau, il se sentira dans son élément. Le travail sera rigoureux et soigné.
- **Mercure dans la maison 7 ou l'esprit du partage :** Ce conseiller cherchera une

personne pour échanger, il sera en quête d'un équilibre intellectuel et sera à l'écoute de l'autre.

- **Mercure dans la maison 8 ou la profondeur d'esprit :** Ce conseilleur pourra travailler dans l'ombre et avoir une approche plus psychologique ou ésotérique des choses.
- **Mercure dans la maison 9 ou l'esprit curieux :** Ce conseiller a envie d'explorer de nouvelles sources de connaissance. Il sera à l'aise dans tout ce qui a trait aux différentes cultures ou aux grandes idées. On pourra l'imaginer dans une ambassade ou une grande bibliothèque.
- **Mercure dans la maison 10 ou l'esprit dirigeant :** Ce conseiller sera plus considéré comme un ministre, il se sentira bien dans les hautes sphères et voudra atteindre la réussite par sa persévérance.
- **Mercure dans la maison 11 ou l'esprit de groupe :** Ce conseiller aura des facilités à stimuler un groupe, il pourra être un bon communicant ou un super pro des réseaux sociaux.
- **Mercure dans la maison 12 ou l'esprit contemplatif :** Un ministre ou un conseiller dans un monastère ou un ashram ? La position ne semble pas être adaptée, car on

est plutôt dans l'intériorité et le secret. Mais peut-être des mantras ou des symboles sacrés seront-ils révélés ?

La communication selon les signes

- **Mercure en Bélier, la communication instinctive :** C'est un conseiller qui n'aura pas la langue dans sa poche. On peut l'imaginer courir à droite et à gauche constamment à l'affût de défis à relever. Les choses peuvent être dites comme elles viennent, de manière irréfléchie. De temps en temps, il faudrait tourner sept fois la langue dans sa bouche. L'esprit est très alerte.
- **Mercure en Taureau, la communication concrète :** C'est un conseiller plus pragmatique, il observera et réfléchira à deux fois. Il y a ici plus de lenteur dans le cheminement des idées avec un intérêt pour tout ce qui est pratique et concis. Après avoir bien analysé la situation, il sera plus difficile pour lui de changer d'opinion.
- **Mercure en Gémeaux, la communication expressive :** C'est un conseiller un brin nerveux qui va vouloir s'occuper de divers projets à la fois, il saura exprimer ses idées et s'adaptera à tous ses interlocuteurs. Il se

sentira à l'aise partout sans pour autant aller en profondeur dans ce qu'il entreprendra.

- **Mercure en Cancer, la communication sensitive :** C'est un conseiller qui va ressentir les choses avant d'intervenir comme s'il disposait d'une antenne interne pour l'orienter. Il puisera dans ses expériences passées et ses souvenirs pour trouver des solutions à ses préoccupations.
- **Mercure en Lion, la communication théâtrale :** C'est un conseiller qui aura l'impression d'être supérieur au roi, en se mettant plus en avant comme s'il montait sur scène devant son public. Sa fierté et sa droiture lui donnent toute confiance pour diriger et appliquer ses idées.
- **Mercure en Vierge, la communication analytique :** C'est un conseiller qui aura une manière très précise d'aborder les choses, lesquelles seront analysées sous toutes les coutures. L'esprit est méthodique et discipliné. Il sera apprécié dans tout ce qui exige une certaine rigueur.
- **Mercure en Balance, la communication raffinée :** C'est un conseiller qui recherchera avant tout la conciliation et les bonnes relations. Il sera à l'écoute de l'autre

et recherchera les discussions raffinées. Il pourra avoir du mal à se fixer définitivement sur une idée.

- **Mercure en Scorpion, la communication puissante :** C'est le conseiller perspicace par excellence, il saura à qui s'adresser et comment faire pour avoir toutes les réponses à ses questions. Il est curieux et méfiant.
- **Mercure en Sagittaire, la communication abondante :** C'est un conseiller qui partira à la recherche de nouveaux points de vue, pour cela il n'hésitera pas à poser de nombreuses questions et observera les situations sous différents angles. Comme il est dans la sphère des idées, tout ce qui sera plus terre à terre sera plus compliqué.
- **Mercure en Capricorne, la communication sérieuse :** C'est le conseiller au sens classique du terme, il prendra son travail avec rigueur et sérieux et pourra analyser les situations en prenant de la distance. Son côté responsable est très apprécié dans le travail.
- **Mercure en Verseau, la communication humaniste :** C'est le conseiller qui impulsera de nouvelles idées pour faire progresser les choses. Son esprit se démarquera des autres pour son côté inventif, mais pourra le rendre

marginal ou farfelu s'il s'accroche trop abruptement à ses convictions.

- **Mercure en Poissons ou la communication inconsciente :** C'est un conseiller qui sera là sans être là, il donnera des réponses sans pouvoir les argumenter. Il captera ce qui n'est pas visible pour les autres, ce qui touche à l'énergétique et au spirituel. Son esprit sera donc réceptif et plus porté sur l'intuition que sur la logique pure.

Mercure à la rencontre des autres

Voyons maintenant comment ce conseiller/ministre va réagir face aux autres personnages du monde astral.

Mercure et Vénus

En aspects harmoniques et pour les conjonctions : quand le conseiller rencontre l'impératrice, ils ont de longues conversations avec un vrai sens du raffinement. Sociabilité et charme sont les atouts qui cimentent ces deux personnages, qui ont un don pour ce qui a trait à l'esthétique.

Mercure et Mars

En conjonction : quand le conseiller rencontre le guerrier, l'énergie de la communication est plus prononcée, les idées viennent rapidement. L'esprit est plus directif et catégorique.

En aspects harmoniques : le guerrier va apporter la force pour convaincre avec une démarche indépendante et franche.

En aspects dynamiques : le guerrier va montrer son côté négatif, il peut être à l'origine de critiques et de colères, et de débats parfois interminables.

Mercure et Jupiter

En conjonction : quand le conseiller rencontre l'explorateur généreux, le conseiller sera poussé à aller plus loin dans ses recherches, il fourmillera d'idées et fera preuve de tolérance.

En aspects harmoniques : les relations sont nombreuses, beaucoup de facilités dans la prise de contact et dans les échanges en général.

En aspects dynamiques : on peut dépasser les limites et être rapidement dans l'excès et l'exagération, ce qui peut se traduire par un manque de concentration.

Mercure et Saturne

En conjonction : quand le conseiller rencontre l'ermite, il sera influencé par sa rigueur et sa droiture. Il aura un côté un peu austère, mais une logique et une précision appréciées.

En aspects harmoniques : l'esprit est raisonné et fait preuve de concentration et de persévérance.

En aspects dynamiques : on peut voir les choses de manière pessimiste, comme si une chape de plomb nous tombait sur la tête. L'esprit devient alors moins fluide et plus rigide.

Mercure et Uranus

En conjonction : quand le conseiller rencontre le visionnaire, le duo peut faire des merveilles car le visionnaire apporte un souffle neuf à l'esprit. Mais, sautant d'une idée à une autre, l'esprit a du mal à se poser.

En aspects harmonique : l'inventivité fait partie des atouts, avec une belle vivacité d'esprit.

En aspects dynamiques : Même si l'originalité et l'inspiration sont toujours présentes, il peut y avoir de la confusion et on peut se laisser envahir par des pensées pas toujours positives.

Mercure et Neptune

En conjonction : quand le conseiller rencontre le rêveur mystique, la vision sera inspirée et féconde. Le rêveur l'entraînera dans un monde imaginaire rempli de légendes.

En aspects harmoniques : le ressenti est plus important que le reste et l'on peut devenir un canal mystique et intuitif. L'imagination peut mener loin.

En aspects dynamiques : les émotions peuvent faire perdre pied et amener à se détacher de la réalité et du quotidien.

Mercure et Pluton

En conjonction : quand le conseiller rencontre le puissant, il aura la capacité d'aller en profondeur et de trouver ce que les autres ne voient ou ne comprennent pas.

En aspects harmoniques : on peut venir à bout de tout ce qui demande intelligence et investigation.

En aspects dynamiques : l'esprit est complexe et peut s'autosaboter, même si les qualités de perspicacité sont présentes.

Chapitre 4

Vénus, l'Impératrice

Nous avons vu que la planète Vénus avait les attributs de l'impératrice dans le jeu de tarot. Planète bénéfique, elle donne des indications sur la manière d'aimer de la personne ainsi que sur ses besoins affectifs. Elle est aussi liée à la beauté et à l'art. Pour mieux visualiser la symbolique, vous pouvez imaginer une magnifique jeune femme qui serait la partie la plus attrayante de votre personnalité. Nous allons voir maintenant comment cette femme va se mouvoir et influencer chaque partie du thème et comment elle va interagir avec les autres personnages qu'elle rencontre.

Vénus dans les différentes maisons

- **Vénus dans la maison 1 ou l'amour conquérant :** Imaginez cette impératrice trônant dans son magnifique intérieur, elle est dans son salon où elle est en représentation. Tout le monde remarque sa beauté et sa douceur qui fait partie de sa personnalité. Elle va alors agir et va aller à la rencontre de l'autre, ce qui lui donnera une image d'une femme ardente et entreprenante, même si elle a aussi un côté romantique. L'apparence physique est très importante, c'est comme une carte de visite, elle fera toujours un effort pour se présenter à son avantage.

- **Vénus dans la maison 2 ou l'amour des valeurs :** Cette impératrice va vouloir mettre en avant ses dons et qualités artistiques ou liés à la beauté. Elle y trouvera un moyen agréable de gagner sa vie. Elle pourrait vendre ses œuvres artistiques dans une galerie ou bien vendre des cosmétiques dans un commerce ou alors profiter des largesses d'un amoureux. Tout ce qui touche à la beauté, à l'amour et à l'art peut être source de bénéfices. Quoi de plus beau que de gagner sa vie dans ces circonstances ?
- **Vénus dans la maison 3 ou l'amour de l'esprit :** L'impératrice a alors besoin de s'exprimer et, lorsqu'elle parle, tout le monde l'écoute. Elle manie à merveille l'art de la rhétorique et adore se cultiver. On peut la voir déambuler dans un salon littéraire ou

discuter avec des amis dans sa résidence secondaire. Elle est reconnue pour ses qualités liées à son intellect.

- **Vénus dans la maison 4 ou l'amour protecteur :** L'impératrice aura besoin de retrouver ses racines et sa famille. Elle prendra alors conscience du cadre de vie dans lequel elle a évolué et de son éducation qui a fait d'elle ce qu'elle est aujourd'hui. Elle a de la chance dans ce domaine, car elle a reçu de l'amour et/ou a profité d'un environnement raffiné et plaisant. Sa mère lui a donné ce qu'il faut pour qu'elle devienne une femme comblée.
- **Vénus dans la maison 5 ou l'amour théâtral :** L'impératrice voudra se montrer aux yeux du monde, elle a tous les atouts pour cela. Un brin cabotine, elle n'hésitera pas à se mettre à l'avant de la scène pour jouer son rôle et changer de masque au besoin. Le théâtre, le cinéma ou le monde du jeu l'attireront comme le miel. Elle aura besoin de libérer son enfant intérieur. Elle se sentira aussi en phase avec l'univers des enfants et tout ce qui touche à la créativité.
- **Vénus en maison 6 ou l'amour au travail :** L'impératrice va devoir travailler ou trouver une activité liée au service. Beaucoup plus sérieuse et posée, elle sera la meilleure

assistante dans son domaine, lequel pourra être le milieu de la mode, de la beauté, de la santé ou de l'art. Rien n'échappe à son regard d'experte et cela la rend heureuse, car elle aime se sentir utile.

- **Vénus en maison 7 ou l'amour de la coopération :** L'impératrice va vouloir vivre des relations sérieuses et, pour cela, partira à la rencontre de partenaires potentiels. Que ce soit dans un cadre personnel ou professionnel, elle aura la chance d'attirer à elle la bonne personne pour créer une belle association. Les contrats lui sont souvent bénéfiques. Le mariage peut lui apporter l'équilibre qu'elle recherche.
- **Vénus en maison 8 ou l'amour passionné :** L'impératrice ressent des émotions fortes, elle peut être enivrée par la passion ou par d'autres émotions qu'elle ne contrôle pas. Elle est dans ce magnétisme sexuel qui peut devenir un jeu de manipulation dans le but d'arriver à ses fins. Cette impératrice montre alors son côté « femme fatale » qui peut brûler si on ne fait pas attention. Par la puissance qu'elle dégage, elle aura des facilités à attirer à elle l'argent.
- **Vénus en maison 9 ou l'amour de l'aventure :** L'impératrice voudra élargir son

horizon, elle pourra prendre un billet pour l'étranger et trouver le grand amour. Elle aimera tout ce qui touche à la spiritualité, à la religion et aux autres cultures. Elle se sentira bien lorsqu'elle nourrira sa soif de nobles connaissances, on l'imagine bien dans une grande bibliothèque de textes anciens.

- **Vénus en maison 10 ou l'amour de la notoriété :** L'impératrice sera reconnue pour ses compétences ou pour ce qu'elle est. On l'imagine trôner dans une réception en un lieu fastueux où elle sera admirée. Elle a atteint la renommée qu'elle espérait grâce à son travail. C'est ce qui la motive et lui donne envie de continuer sur sa lancée.
- **Vénus en maison 11 ou l'amour-amitié :** L'Impératrice va alors sortir du lot et se différencier des autres. Sa manière de penser sort de l'ordinaire, ce qui lui permet d'avoir de nombreuses idées inédites qui peuvent parfois frôler le génie. Elle aimera partager ses convictions et prendre part à des projets innovants, la chance lui sourira. Elle a tellement d'amis que la ligne entre l'amour et l'amitié ne sera pas toujours très nette.
- **Vénus en maison 12 ou l'amour du secret :** L'impératrice aura besoin de se retirer pour retrouver une sérénité perdue. Elle ressent

une blessure émotionnelle qui a du mal à cicatriser et à être dévoilée. L'amour se vit difficilement aux yeux de tous, elle préférera qu'il soit caché ou de nature spirituelle. Elle pourra se retrouver dans un ashram pour méditer et vivre l'amour divin.

L'amour selon les signes

- **Vénus, la pionnière en Bélier :** C'est une impératrice guerrière qui n'a pas froid aux yeux. Elle prendra les devants, car son désir compte avant tout.
- **Vénus, l'aimante en Taureau :** C'est une impératrice douce et aimante qui a besoin de trouver le confort d'un foyer chaleureux. Elle attend qu'on la gâte, qu'on lui offre des cadeaux.
- **Vénus, l'impétueuse en Gémeaux :** C'est une impératrice qui est attirée par les personnes qui ont de l'esprit. Elle attend que l'on discute avec elle, qu'on l'amuse. Elle a du mal à trouver une relation stable, elle a besoin de stimulation constante et non d'une vie routinière.
- **Vénus, la douce en Cancer :** C'est une impératrice qui aime materner et qui sera dévouée. Elle voudra qu'on la rassure et qu'on

prenne bien soin d'elle. Elle attend que l'on comprenne ses émotions qui vont et viennent.

- **Vénus, la royale en Lion :** C'est une impératrice qui ne vit que pour l'amour et les sentiments. L'amour est un art qu'elle maîtrise à la perfection. Elle attend en retour qu'on la considère comme une reine avec tous les honneurs et le luxe qu'il se doit.
- **Vénus, la réservée en Vierge :** C'est une impératrice qui ne pourra pas se laisser aller à un amour sauvage et sans réserve. Cet amour sera plus limité, car il sera perçu comme un problème que l'on aura besoin d'analyser sous toutes ses formes.
- **Vénus, la romantique en Balance :** C'est une impératrice séduisante et séductrice qui est attirée par ce qui est beau et esthétique. Elle recherche l'amour de celui qui la complétera pour former un couple idéal. Elle attend d'être séduite à chaque instant.
- **Vénus, l'érotique en Scorpion :** C'est une impératrice qui base tout sur l'émotionnel puissant. Reine du fantasme, de l'érotisme ou de l'amour passion, elle attend qu'on lui fasse vivre les montagnes russes afin qu'elle profite de la vie intensément. Qu'elle le vive réellement ou pas, elle sera attirée par celui qui dégage du mystère.

- **Vénus, la nomade en Sagittaire :** C'est une impératrice fougueuse et amatrice de découvertes. L'amour est une terre fertile qui a besoin d'être explorée. Elle recherchera une relation qui lui ouvre les portes du savoir ou qui l'emmène loin de son lieu d'origine.
- **Vénus, la sérieuse en Capricorne :** C'est une impératrice plus froide et plus calculatrice. L'amour n'est pas un jeu, il demande de la stabilité et du temps afin de construire quelque chose de solide. Les émotions ne font pas partie du programme, elles ne doivent en aucun cas être montrées, car elles peuvent faire perdre pied. Elle recherchera quelqu'un de sérieux, un brin traditionnel.
- **Vénus des coups de cœur en Verseau :** C'est une impératrice qui n'a pas envie de perdre son indépendance et ne s'engagera pas si facilement dans une relation. Elle pourra être sujette aux coups de foudre, mais souhaitera vivre des amours légers sans réelles contraintes ou des relations qui sortent de l'ordinaire.
- **Vénus de l'amour sans limites en Poissons :** C'est une impératrice qui ferait tout par amour, jusqu'à se sacrifier. Seuls les sentiments comptent pour elle, elle s'offre corps et âme, même si elle tombe sur des

personnes qui ne sont pas toujours bienveillantes et qui profitent de la situation. Son bonheur passe toujours par celui de la personne aimée.

Vénus à la rencontre des autres

Voyons maintenant comment cette impératrice va réagir face aux autres personnages du monde astral.

Vénus et Mars

En conjonction : quand la séduisante impératrice rencontre le guerrier ou l'amant plein de désirs, la passion s'installe automatiquement. L'amour et le désir se rencontrent et se conjuguent. Mais ce dialogue en apparence idyllique n'est pas toujours facile à gérer, car cet amour peut devenir agressif. Mars est aussi un guerrier qui se bat pour avoir ce qu'il veut. La sérénité n'est pas toujours facile à atteindre.

En aspects harmoniques : les deux personnages ne sont pas ensemble, mais communiquent plus facilement. L'amour entend l'appel du désir et *vice versa*. Les relations amoureuses sont ardentes et le bonheur dans ce domaine n'est pas une illusion.

En aspects dynamiques : l'équilibre est difficilement trouvé entre amour et désir, et les relations risquent de devenir conflictuelles. C'est comme si l'impératrice clamait son amour et que le vaillant guerrier ne l'entendait ou ne la comprenait pas, ce qui peut créer de la frustration et des malentendus.

Vénus et Jupiter

En conjonction : quand la séduisante impératrice rencontre l'homme généreux qui lui ouvre son horizon et lui offre sa corne d'abondance, elle a beaucoup de chance, car la vie lui sera clémente et les choses lui viendront facilement. Vénus et Jupiter sont appelés les deux bénéfiques.

En aspects harmoniques : l'amour sera plus démonstratif grâce à l'effet amplificateur de Jupiter. L'impératrice recevra tous les bienfaits de son protecteur qui la couvrira de cadeaux.

En aspects dynamiques : les effets que ces aspects peuvent apporter, c'est un peu trop de facilité pour obtenir les choses. L'impératrice ne fera plus vraiment d'effort et pourra à la longue tomber dans l'oisiveté et ne plus avoir aucune discipline.

Vénus et Saturne

En conjonction : quand la séduisante impératrice rencontre l'ermite austère, l'enthousiasme et la spontanéité sont mis en veille. L'ermite va restreindre l'amour de l'impératrice en la mettant dans un carcan. L'impératrice ne part pas, elle écoute les paroles sages et l'esprit de la raison. Elle pense alors que l'amour a besoin de temps pour éclore et qu'il ne s'exprime pas par un flot d'émotions.

En aspects harmoniques : loin d'être une histoire de sentiment, la relation est pesée, elle est liée surtout à la loyauté et au sens des responsabilités. L'amour viendra tardivement ou bien la relation amoureuse durera dans le temps.

En aspects dynamiques : l'ermite va frustrer l'impératrice qui a envie de vivre sa jeunesse et de profiter d'un amour léger. Ici, elle sera enfermée dans une histoire rigide qui pourra la rendre triste. Elle pourra se sentir incomprise et seule.

Vénus et Uranus

En conjonction : quand la séduisante impératrice rencontre le visionnaire aux conceptions qui sortent de l'ordinaire, l'amour sera hors du commun, plein d'imprévu et de surprises. Avec des coups de foudre et des coups de cœur qui pimenteront l'existence. La vie ne sera vraiment pas un long fleuve tranquille. L'impératrice sera portée par l'originalité de ce personnage, qui l'amènera là où elle ne s'y attend pas. On le constatera dans le domaine amoureux comme dans celui de l'art.

En aspects harmoniques : l'amour aura besoin d'être libre et sans réelles contraintes. Des idées originales viendront principalement dans le domaine artistique. Grâce au visionnaire, l'impératrice deviendra une avant-gardiste.

En aspects dynamiques : l'amour aura un goût de transgression et d'interdit. La relation entre les deux protagonistes ne sera pas facile, car ils ont du mal à s'entendre. L'impératrice rêvera d'amour et le visionnaire préférera la liberté. Des ruptures, des changements et des coups d'éclat peuvent intervenir avec ces aspects.

Vénus et Neptune

En conjonction : quand l'impératrice rencontre le rêveur mystique, l'amour prendra une tout autre teinte, celle d'une voie emplie de mysticisme et d'idéal. L'amour sera perçu comme un chemin qui existe au-delà de l'espace et du temps et sera rythmé par des odes poétiques. La réalité n'est pas ce qui est important, seule la magie du rêve rend la vie surmontable.

En aspects harmoniques : en côtoyant ce rêveur mystique, l'impératrice devient plus sensible et réceptive. L'inspiration est là, mais elle peut ne rester qu'une belle idée, sans réelle concrétisation.

En aspects dynamiques : le rêveur mystique brouille l'esprit de l'impératrice. Elle ne fait plus la différence entre le rêve et la réalité. Elle se sent impuissante et se laisse porter par un courant qui la rend léthargique. La vie risque de devenir une suite de désillusions et de mensonges, car l'amour sans preuve concrète peut avoir un goût amer.

Vénus et Pluton

En conjonction : quand l'impératrice rencontre le puissant, un rapport de force va rapidement s'établir et l'impératrice sera encline à vivre des moments intenses. Le puissant voudra avoir l'impératrice rien que pour lui. Les relations amoureuses seront passionnées et fortes.

En aspects harmoniques : cette interaction apporte un côté magnétique. L'impératrice reçoit une forte énergie, ce qui lui donne des facilités dans les transactions financières, elle attire à elle l'argent.

En aspects dynamiques : le puissant devient dominateur. La passion devient alors destructrice. L'impératrice se sent impuissante face à la jalousie et au besoin de possession de ce personnage qui la côtoie.

Chapitre 5

Mars, le guerrier

Nous avons fait connaissance avec un homme qui a de l'énergie et de la force. Sans lui, rien ne peut se faire puisqu'il donne cette impulsion nécessaire pour aller où va son désir. Vous pouvez imaginer un guerrier prêt au combat, un instinctif avec une force brute quasi animale. Il écoute ses pulsions. Nous allons voir comment cet homme va intervenir dans notre thème, c'est-à-dire où va se trouver notre part impulsive et active, celle qui va nous faire bouger. Le bateleur dans une certaine mesure peut ressembler à ce guerrier puisqu'il débute quelque chose.

Mars dans les différentes maisons

- **Mars dans la maison 1 ou la personnalité instinctive :** Imaginez un guerrier dans son lieu d'habitation. Il se présente aux autres dans la pièce principale. Les personnes qui l'entourent ne peuvent s'empêcher de regarder sa force et sa présence puissante. L'action et la force sont ses atouts, et une certaine agressivité, sa faiblesse.

- **Mars dans la maison 2 ou l'esprit de possession :** Ce guerrier va vouloir acquérir des biens, il mettra toute son énergie pour atteindre ses objectifs. Gare à ceux qui voudraient lui mettre des bâtons dans les roues ou lui prendre ce qu'il a gagné !
- **Mars dans la maison 3 ou la communication instinctive :** Le guerrier aimera provoquer lors de ses échanges, qui risquent de devenir bien animés. Il ne pourra pas s'empêcher de dire les choses comme il pense, quitte à blesser. Les personnes hésitantes l'irriteront certainement.
- **Mars dans la maison 4 ou la provocation familiale :** Le guerrier se souvient de son enfance qui n'a pas été facile, où il a pu se sentir agressé, où il a dû se défendre. Il aura du mal à développer un sentiment de sérénité dans son nouveau foyer, car il aura toujours ce besoin de répliquer s'il se sent attaqué.
- **Mars dans la maison 5 ou l'amour de l'action créative :** Le guerrier va se sentir dans son élément, car il va pouvoir exprimer sa créativité ou son énergie. Il a tout le terrain

de jeu pour lui, il sera comme un enfant et aimera s'occuper de ses enfants. Il va pouvoir explorer tout ce qui est ludique. L'amour peut lui aussi devenir une sorte de compétition ou de jeu.

- **Mars dans la maison 6 ou l'action au quotidien :** Le guerrier va donner de sa personne dans son travail ou ses activités quotidiennes. Il aimera s'investir même s'il donne toute son énergie au risque de s'épuiser. Il pourra s'épanouir dans la sphère médicale.
- **Mars dans la maison 7 ou la passion des relations :** Le guerrier va vouloir se confronter aux autres, mais aura aussi besoin de s'associer. Il pourra attirer de l'agressivité dans ses relations ou vivre avec un partenaire très dynamique.
- **Mars dans la maison 8 ou l'ardeur dans les désirs :** Le guerrier va vouloir aller là où l'univers est sulfureux. L'acquisition de l'argent pourra se faire de manière détournée ou être liée à des transactions financières, à des héritages. L'énergie pourra aussi se tourner vers la sphère sexuelle avec tous les fantasmes pimentant son existence, ou encore les sciences occultes.
- **Mars dans la maison 9 ou la ferveur religieuse ou spirituelle :** Le guerrier va

se battre pour ses convictions profondes. Il n'aura pas peur de voyager loin ni de vivre en accord avec ses aspirations.

- **Mars dans la maison 10 ou le désir de la réussite :** Le guerrier va s'impliquer dans sa carrière et à s'attacher à la réussite de ses objectifs. Il n'hésitera pas à se battre ni à défier les autres pour parvenir à ses fins.
- **Mars dans la maison 11 ou l'ardeur des grands projets :** Le guerrier voudra initier des projets qui ont du sens pour lui, cette activité lui donnera de l'enthousiasme et de l'énergie. Il devra quelquefois montrer qu'il est apte à diriger un groupe, cependant des querelles pourraient apparaître.
- **Mars dans la maison 12 ou l'action cachée :** Le guerrier se sentira dans son élément lorsqu'il travaille seul. S'il se sent protégé dans un endroit clos, il exprimera tous ses potentiels. Dans un environnement normal, la motivation est plus dure à trouver.

L'énergie selon les signes

- **Mars, le conquérant en Bélier :** C'est un guerrier qui va de l'avant et que l'on remarque. Il n'aimera pas qu'on lui donne des ordres, et souhaitera au contraire qu'on le laisse s'affirmer.

- **Mars, le sensuel en Taureau :** C'est un guerrier qui va fournir le travail demandé mais en prenant son temps. Il ne faudra toutefois pas trop l'énerver. C'est un bon vivant attiré par les bonnes choses et réceptif à la sensualité. Il va agir pour trouver une sécurité matérielle qui le rassurera.
- **Mars, l'intellectuel en Gémeaux :** C'est un guerrier qui va vouloir discuter et apprendre. Il passera facilement d'un sujet à un autre et aura du mal à conserver longtemps sa concentration. Il aimera chercher les autres sur des sujets sensibles, la querelle viendra facilement.
- **Mars, le protecteur en Cancer :** Ce guerrier a du mal à extérioriser son énergie et à exprimer ses émotions, si ce n'est à l'intérieur du cercle familial ou de celui qu'il s'est créé.
- **Mars, le régnant en Lion :** Ce guerrier actif a de l'énergie à revendre. Sa fierté l'empêchera de montrer une faiblesse, quelle qu'elle soit. Sa ténacité lui est bénéfique pour tenir ses engagements et se faire respecter de ses pairs.
- **Mars, le travailleur en Vierge :** Ce guerrier agit avec précision et rigueur en prenant le temps de la réflexion. Son comportement

peut parfois surprendre passant du contrôle de soi à l'agressivité.

- **Mars, le diplomate en Balance :** L'énergie de ce guerrier va se focaliser sur les associations et le relationnel. La diplomatie reste le mot d'ordre de cette position. Il est possible que cette énergie reste intériorisée et que ce guerrier garde ce qu'il ressent pour lui, sauf si l'enjeu est de taille comme lorsqu'il y a une injustice, l'agressivité peut alors surgir et là, adieu la diplomatie.
- **Mars, l'ardent en Scorpion :** Ce guerrier est une force de la nature, il va de l'avant. Les difficultés qu'il va rencontrer vont lui permettre de déployer son potentiel. Il n'aimera pas la demi-mesure et ira là où les sentiments sont forts, où la passion est dévorante. Son énergie est puissante et magnétique.
- **Mars, le voyageur en Sagittaire :** L'action de ce guerrier peut se focaliser sur ce qui touche la religion ou la spiritualité. Il pourra donc se sentir imprégné par certains préceptes moraux. Il aura besoin de partir à l'aventure ou d'aller dans de grands espaces, là où il ne sera pas enfermé, pour recharger ses batteries.
- **Mars, l'ambitieux en Capricorne :** Ce guerrier saura s'organiser pour arriver à bon port.

Son énergie est excellente et, en plus, elle se maintient dans le temps. Sa persévérance est son réel point fort, elle lui permettra de concrétiser ses désirs.

- **Mars, le libéré en Verseau :** Indépendant et non conventionnel, ce guerrier va là où on ne l'attend pas. Il déploie son énergie pour des projets de groupe, mais aussi pour se démarquer des autres et apporter de nouvelles idées.
- **Mars, le bienveillant en Poissons :** Ce guerrier est trop à l'écoute de son ressenti émotionnel, il ne ressemble pas du tout à un combattant. C'est surtout une personne qui se bat contre ses émotions et cette sensation de mal-être qui peuvent lui gâcher la vie.

Mars à la rencontre des autres

Mars et Jupiter

En conjonction : quand le guerrier, l'homme d'action, rencontre le généreux qui lui ouvre son horizon, c'est la combinaison parfaite. Ils forment un couple qui porte en lui une énergie positive et pleine d'entrain pour agir dans le bon sens.

En aspects harmoniques : l'action sera efficace et toujours empreinte d'un bel enthousiasme.

En aspects dynamiques : l'autorité risque de poser problème, car elle frustre la personnalité expansive et sans limites de cette combinaison.

Mars et Saturne

En conjonction : quand le guerrier rencontre l'ermite, l'austérité de Saturne va freiner l'énergie de Mars. Ces deux personnages ne sont pas de même nature, le premier veut agir et le second est plutôt statique. À première vue, il ne sera pas facile pour eux de cohabiter.

En aspects harmoniques : l'ermite va apporter de l'exigence au guerrier, qui fournira un travail régulier et réfléchi.

En aspects dynamiques : cette combinaison peut créer de l'insatisfaction, car il y a une dualité entre l'envie de prendre des risques et le besoin constant de prudence. Le temps permettra de trouver un équilibre entre ces deux voies.

Mars et Uranus

En conjonction : quand le guerrier rencontre le visionnaire, l'homme d'action se sentira inspiré et aura des idées qu'il mettra en place. Il agira rapidement sans que l'on connaisse par avance ses plans. Ses désirs et ses actions seront loin d'être conformistes.

En aspects harmoniques : le guerrier aura du mal à tenir en place, il voudra agir rapidement et ne lésinera pas sur l'effort à fournir. Le visionnaire va l'aider à concrétiser ses rêves.

En aspects dynamiques : cette énergie trop active est mal maîtrisée, des coups de tête et des actes insensés peuvent intervenir à cause d'un besoin de liberté, mais peuvent aussi devenir un acte de rébellion.

Mars et Neptune

En conjonction : quand le guerrier, l'homme d'action, rencontre le rêveur mystique, éternel rêveur, idéaliste, dont l'esprit navigue dans un autre espace, il peut y avoir conflit entre deux individus de nature opposée. Le premier est dans l'action tandis que le second souhaite consciemment ou inconsciemment rester dans ses illusions ou dans une vision idéale de la vie. L'énergie est moins puissante à cause de cette dualité.

En aspects harmoniques : si l'action menée va dans le sens de ses aspirations ou d'un idéal, cette combinaison apportera de l'intuition et la capacité à réussir.

En aspects dynamiques : le rêveur mystique prendra le dessus et empêchera le guerrier d'agir, ce qui pourrait entraîner découragement et désillusions.

Mars et Pluton

En conjonction : quand le guerrier rencontre le puissant, ils forment une équipe redoutable qui avancera coûte que coûte, et à laquelle aucun obstacle ne résistera.

En aspects harmoniques : l'intensité est forte et les actions sont bien menées. Ce duo recèle un fort potentiel et de la confiance qui sont les bons ingrédients de la réussite.

En aspects dynamiques : deux personnages forts qui s'affrontent, cela peut faire des dégâts et générer de la violence. L'énergie dégagée est très forte. Elle peut être mal perçue par les autres et créer un climat loin d'être propice à l'harmonie. Il peut y avoir aussi un côté d'autosabotage.

Chapitre 6

Jupiter, le généreux ou l'expansif (le gentilhomme)

Jupiter correspond à un personnage jeune qui va toujours en vouloir plus. Il est le symbole de l'abondance et représente la chance ou un domaine dans lequel on s'épanouit.

Jupiter dans les différentes maisons

- **Jupiter dans la maison 1 ou la personnalité généreuse :** Imaginez un homme charmant qui vous accueille chez lui à bras ouverts avec un large sourire. Il ne peut que donner du baume au cœur à ceux qui le côtoient.
- **Jupiter dans la maison 2 ou l'expansion financière :** Quoi de plus facile pour cet homme que d'attirer à lui les richesses et de gagner de l'argent ? Et comme ça va dans les deux sens, sa générosité se verra aussi dans les dépenses.

- **Jupiter dans la maison 3 ou le flux important d'informations :** Tout le monde viendra communiquer et échanger avec lui, il n'hésitera pas à partager ses connaissances. Il aura l'oreille fine et saura tout sur tout.
- **Jupiter dans la maison 4 ou le confort de son chez-soi :** Cet homme se retrouve dans sa maison d'enfance, il se souvient qu'il a eu une éducation chaleureuse, il apprécie également son chez-lui et le bien-être en famille. Il peut être habile pour faire prospérer son patrimoine immobilier.
- **Jupiter dans la maison 5 ou le jeu à profusion :** Lorsque ce jeune homme se retrouve dans un univers sans contraintes, il va vouloir profiter de la vie dans toutes ses dimensions et surtout tirer parti de sa chance dans le domaine du jeu. Il sera entouré de ses nombreux enfants qui peuvent aussi bien être ses créations artistiques.
- **Jupiter dans la maison 6 ou l'enthousiasme au travail :** Ce jeune homme va se sentir protégé dans son quotidien, il pourra attirer à lui de l'abondance surtout s'il trouve une activité qui lui correspond.
- **Jupiter dans la maison 7 ou l'épanouissement dans les associations :** Lorsque cet homme se trouvera face à un partenaire,

il n'hésitera pas à donner de sa personne et à s'investir. Mariage ou associations seront favorisés et protégés.

- **Jupiter dans la maison 8 ou la manne financière :** Cet homme attirera à lui la chance, il saura faire fructifier un portefeuille financier ou recevra des gains inattendus. Les crises personnelles sont pour lui source d'évolution.
- **Jupiter dans la maison 9 ou la richesse morale :** Les connaissances spirituelles seront source d'épanouissement pour cet homme qui n'hésitera pas à étudier ce qui le rapproche de ses valeurs morales et spirituelles. Les pays étrangers pourront être des lieux de chance.
- **Jupiter dans la maison 10 ou l'ascension facilitée :** Cet homme pourra attirer à lui le succès et la chance dans la sphère professionnelle. À lui d'utiliser cette facilité à bon escient et de prendre des décisions favorables à tous.
- **Jupiter dans la maison 11 ou l'ascension dans les groupes :** Ce jeune homme sera la coqueluche de ses amis. Les grands projets sont favorisés, il y aura toujours quelques personnes pour le soutenir dans ce qu'il a mis en place.

- **Jupiter dans la maison 12 ou les dons cachés :** Cet homme se sentira bien dans les endroits retirés où il pourra pratiquer l'introspection. Cela lui permettra de développer ses dons psychiques.

La chance selon les signes

- **Jupiter, l'optimiste en Bélier :** C'est un jeune homme impulsif et optimiste, né avec une certaine confiance en lui. Sa chance : sa personnalité expansive.
- **Jupiter, le bienheureux en Taureau :** C'est un jeune homme qui s'autorise une vie confortable, agrémentée des plaisirs de la table et de ceux de la chair. Sa chance : ses possessions personnelles.
- **Jupiter, l'habile en Gémeaux :** C'est un jeune homme avec plein d'idées et de ressources, surtout dans tout ce qui touche la communication. Sa chance : son intellect curieux, sa facilité pour les métiers de la communication.
- **Jupiter, le protecteur en Cancer :** C'est un jeune homme qui est lié à ses racines et à sa famille, et très attaché aux sentiments. Sa chance : sa famille ou son patrimoine.
- **Jupiter, le fier en Lion :** C'est un jeune homme qui aime voir la vie en grand. Il ne

sait pas se contenter de peu, d'où sa générosité et ses excès. Sa chance : une reconnaissance sociale favorisée.

- **Jupiter, le discipliné en Vierge :** C'est un jeune homme qui aime rendre service et ne compte pas ses heures de travail si celui-ci a du sens pour lui. Sa chance : son esprit pratique et travailleur.
- **Jupiter, le conciliant en Balance :** C'est un jeune homme posé qui recherche le relationnel avec les autres. Sa chance : des associations enrichissantes ou un bon mariage.
- **Jupiter, le volontaire en Scorpion :** C'est un jeune homme un brin mystérieux qui cherche à comprendre le sens profond des choses. Sa chance : sa psychologie fine, sa puissance.
- **Jupiter, le pédagogue en Sagittaire :** C'est un jeune homme ouvert qui s'intéresse à l'aspect philosophique des choses tout en étant un bon pédagogue. Sa chance : pouvoir s'épanouir grâce à des voyages à l'étranger, la religion ou la philosophie.
- **Jupiter, le persévérant en Capricorne :** C'est un jeune homme confronté à un monde difficile où seule l'ambition va lui permettre de réussir dans ses entreprises. Sa chance : sa rigueur et sa persévérance.

- **Jupiter, l'innovant en Verseau :** C'est un jeune homme qui évolue dans un monde d'innovations toujours plus rapide, il saura mettre son énergie au service d'idées et de grands projets. Sa chance : son habileté dans les domaines high-tech ou qui sortent de l'ordinaire.
- **Jupiter, l'imaginatif en Poissons :** C'est un jeune homme rêveur qui a su se créer un monde à lui d'une richesse incroyable. Son imagination lui permet de créer sans fin jusqu'à perdre un peu le sens des réalités. Sa chance : son intuition et son imagination débordante.

Jupiter à la rencontre des autres

Jupiter et Saturne

En conjonction : quand le jeune homme expansif rencontre l'ermite, deux énergies contradictoires s'opposent. Le jeune homme ne comprend pas pourquoi il doit être prudent, lui qui se sent plein d'enthousiasme et qui veut croquer la vie à pleines dents. Il y a donc une tension perceptible entre ces deux personnages. Vivre son enfant intérieur ou l'adulte responsable, telle est la question ?

En aspects harmoniques : les deux personnages œuvrent en bonne harmonie, passant facilement selon la situation de l'enthousiasme au sérieux, et ont une bonne capacité de travail.

En aspects dynamiques : l'équilibre a du mal à être trouvé entre ses deux énergies opposées, ce qui peut générer de la frustration.

Jupiter et Uranus

En conjonction : quand le jeune homme expansif rencontre le visionnaire, rien ne peut les arrêter dans leur lancée, c'est ce qui donne à ce couple un côté imprévisible.

En aspects harmoniques : une grande ouverture d'esprit permet de bien comprendre les situations pour trouver des solutions innovantes et intuitives.

En aspects dynamiques : le côté imprévisible peut devenir fatigant, car il n'existe plus aucune limite. Cela donne un esprit rebelle n'arrivant pas à accepter un cadre qui est ressenti comme une prison.

Jupiter et Neptune

En conjonction : quand le jeune homme expansif rencontre le rêveur mystique, il est alors porté par la foi et tout ce qui touche au mystique et à l'imaginaire.

En aspects harmoniques : on recherche un idéal de vie ; la créativité fait partie du quotidien.

En aspects dynamiques : on ne peut plus faire la différence entre ce que l'on imagine et la réalité. Une trop grande crédulité peut être un problème.

Jupiter et Pluton

En conjonction : quand le jeune homme expansif rencontre l'homme puissant, une véritable interaction positive se crée entre eux et ils se portent chance mutuellement.

En aspects harmoniques : de belles qualités permettent de réaliser ses objectifs même si ceux-ci semblent inatteignables au premier abord.

En aspects dynamiques : le pouvoir peut faire perdre la tête, ce qui risque de donner un côté dominateur.

LES DIFFÉRENTES PERCEPTIONS DES PLANÈTES

Lorsque j'ai étudié l'astrologie, j'ai d'abord appris le symbolisme de chaque planète, ce qui m'a donné des réflexes de travail sur ce qui est bon ou mauvais. Par exemple, Jupiter est considéré comme le grand bénéfique et Vénus le petit bénéfique. À l'inverse, Saturne est le grand maléfique, c'est une planète redoutable. Au fur et à mesure, on s'aperçoit que rien n'est tout blanc ou tout noir. Saturne, qui est symbole de frustration et d'obstacles, peut être mal vécue avec des aspects tendus, particulièrement pendant la jeunesse. Mais après, si l'on comprend bien son fonctionnement, elle nous amène dans le monde de la structure, de la pondération, de la détermination et de la persévérance. Une réussite gagnée avec Saturne est méritée et à plus de chance de durer dans le temps. Jupiter qui apporte chance et facilité s'exprime plus facilement pendant la jeunesse, mais cette réussite peut s'effondrer comme un château de cartes si elle ne repose pas sur des bases solides. Ce qu'il faut comprendre de tout cela, c'est que chacune des planètes a son rôle et son importance, et qu'il ne faut pas les cataloguer comme bonnes ou mauvaises.

Chapitre 7

Saturne, l'ermite

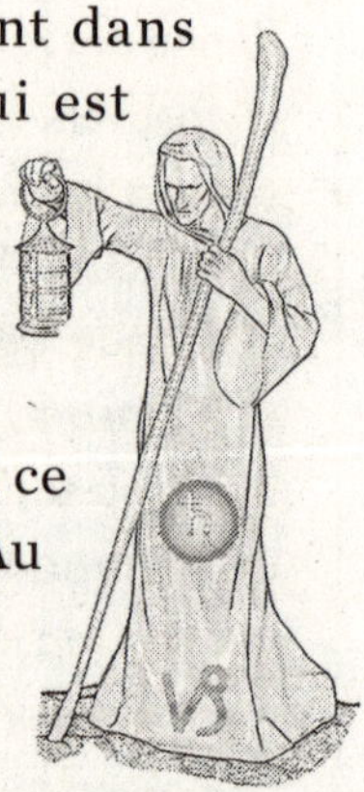

Nous rentrons maintenant dans l'univers de Saturne qui est représentée par un vieil homme symbolisant l'ermite. Dans un thème astral, ce dernier indique ce qui peut être rigide et restrictif dans la vie. Il incarne aussi ce qui a besoin d'être structuré. Au départ, il peut être un frein, mais avec l'expérience et le temps, il devient un véritable atout.

Saturne dans les différentes maisons

- **Saturne dans la maison 1 ou la personnalité réservée :** Imaginez ce vieil homme dans son environnement solitaire. Saturne apportera du sérieux et un côté austère qui peut paraître rébarbatif au premier abord.
- **Saturne dans la maison 2 ou le besoin de sécurité matérielle :** Le vieil homme sérieux voudra consacrer son énergie à

gagner de l'argent, mais même si rien n'est facile, le temps jouera en sa faveur.

- **Saturne dans la maison 3 ou le mental raisonné :** Lorsque l'ermite exprime ses opinions, celles-ci sont réfléchies et structurées. La communication peut ne pas être très spontanée.
- **Saturne dans la maison 4 ou la structure familiale :** Cette position montre l'importance de la sphère familiale et de créer son propre foyer, mais ce dernier pourrait être une quête difficile ou pourrait poser un problème.
- **Saturne dans la maison 5 ou les émotions contrôlées :** Lorsque l'ermite se trouve dans cette maison, il freine l'entrain lié aux sentiments et à la sphère sentimentale, apportant du sérieux et de la rigidité dans ce domaine. Mais il peut apporter un cadre favorable à la créativité.
- **Saturne dans la maison 6 ou l'exigence dans le quotidien :** L'ermite va au départ rendre difficile l'accès à un travail épanouissant, mais le temps arrangera les choses, et les qualités premières d'exigence et de maîtrise pourront amener une certaine réussite.
- **Saturne dans la maison 7 ou la raison du mariage :** S'engager pour l'ermite peut être

difficile ou poser problème, ce sujet fait partie de ses grandes préoccupations. Mais cette position peut aussi indiquer un long engagement ou une relation avec une personne plus âgée ou plus responsable.

- **Saturne dans la maison 8 ou la peur psychologique :** L'ermite se trouve dans la maison de l'ésotérisme, de la sexualité ou de tout ce qui a trait aux spéculations. Des obstacles peuvent alors survenir, mais si le défi est relevé, des dons liés à ses domaines pourront être des atouts dans le travail.
- **Saturne dans la maison 9 ou la maturation des idées :** L'ermite va apporter de la sagesse dans les idées et la conception de la vie. C'est par le temps et l'expérience que l'on trouvera sa propre philosophie de vie et que l'on pourra la partager avec les autres.
- **Saturne dans la maison 10 ou la réussite par la ténacité :** La réussite ne sera pas une mince affaire. En effet, l'ermite ralentira ce processus, car son message est clair, il faut de la patience, de la persévérance et du temps pour arriver à être reconnu et à démontrer ses capacités.
- **Saturne dans la maison 11 ou le travail fédérateur :** L'ermite aime la solitude, la sphère amicale s'en trouve donc perturbée.

Ce genre d'expérience renforce la personnalité de l'individu, lequel aura plus d'autorité et de distance pour être le pivot de projets fédérateurs.

- **Saturne dans la maison 12 ou le règne des secrets et du rêve :** Cette position met l'individu dans une position pas très sereine émotionnellement, cependant une forte empathie lui permet de venir en aide aux autres. Un travail qui valoriserait l'entraide et le soin serait parfait.

La rigueur selon les signes

Saturne reste environ deux ans et demi dans un signe, donc l'analyse par signe est moins précise que pour les autres planètes. Vous pouvez toutefois vous amuser à déceler certains éléments pertinents. Maintenant que vous vous êtes familiarisé avec les personnages et les signes, essayez de faire travailler votre imagination et de décrire la scène qui se présente à vous. Trouvez les termes clés à chaque fois et confrontez-les.

Pour Saturne en Bélier, observez l'ermite et regardez les caractéristiques du Bélier (vues précédemment dans les parties 1 et 3) dont l'élément est le feu : un vieil homme représentant la sagesse se retrouve dans un univers actif (de feu) où la force et le courage dominent. Comment va-il se sentir ? Au début, peut-être sera-t-il tiraillé entre ces deux pôles : soit il sera dans la peur qui peut parfois entraîner des actions incontrôlées, soit c'est le côté indépendant du Bélier qui prendra le dessus car il aura su utiliser la sagesse de l'ermite qui deviendra une force.

Mots-clés :

- Saturne : sagesse, structure, limitation ;
- Bélier : indépendance, force, action, guerrier.

Vous pouvez continuer de la même manière avec tous les autres signes astrologiques, en vous mettant à la place de l'ermite qui sera à chaque fois confronté à un univers différent :

1. mettez en avant l'élément de chaque signe ;
2. comparez-le avec l'élément terre et le froid que dégage Saturne ;
3. rédigez les mots-clés ;
4. essayez de ressentir ce qui se dégage du duo ;
5. mettez-vous à la place de l'ermite : seriez-vous à l'aise ou pas dans cet espace ?

Chapitre 8

Uranus, Neptune et Pluton

Avec l'analyse des planètes principales, vous avez déjà une bonne base de réflexion. Il reste maintenant un dernier groupe de planètes : Uranus, Neptune et Pluton, qui sont appelées planètes « générationnelles » ou « transpersonnelles ». Je vous laisse le soin de les explorer en vous basant sur leur symbolisme (voir le point « Les planètes » dans le chapitre « Les différentes composantes d'un thème astral » p. 25). Comme ces planètes se déplacent très lentement, elles concernent plutôt des générations de personnes, mais, à titre individuel, il est aussi intéressant d'analyser la position de ces planètes en maison :

- Uranus est la part révolutionnaire ou celle du changement, elle correspond à tout ce qui est original ou novateur ;
- Neptune concerne la part religieuse ou spirituelle, elle peut nous connecter au rêve, à ce qui est flou ou à une autre réalité ;
- Pluton est la part d'ombre ou l'aptitude au pouvoir, elle indique là où nous devons nous transformer.

Par exemple : Uranus dans la maison 1 donne une personnalité originale ; dans la maison 3, ce sera l'esprit et les idées qui sortiront de l'ordinaire ; avec la maison 4, la famille peut être atypique ; enfin en maison 7, la vie maritale risque de ne pas être de tout repos.

Gardez à l'esprit que l'analyse d'un thème est complexe et qu'il est important à chaque fois de garder une vision globale en prenant en compte les principaux aspects. Il peut y avoir aussi des contradictions dans les messages des astres, c'est en regardant plus attentivement le thème que l'on s'aperçoit que ce ne sont pas précisément des contradictions mais des visions qui s'adaptent selon le sujet et le niveau auquel cela le touche.

4

DÉVELOPPEZ VOS POTENTIELS GRÂCE À L'ÉTUDE DE VOTRE SIGNE ET DE SON SIGNE COMPLÉMENTAIRE

Cette dernière partie vous est proposée dans une optique plus axée « développement personnel », afin de trouver les activités qui vous aideront à vous sentir mieux. En effet, plus vous vous connaîtrez, plus vous trouverez du sens dans votre vie et un chemin adapté à vos aspirations profondes.

La plupart des personnes que j'ai rencontrées avaient des connaissances, ou au moins quelques bases, sur la symbolique de leur signe de naissance. La multiplication des horoscopes et des articles sur ce thème ont sûrement contribué à amplifier ce phénomène. Ce qui est important pour débuter est d'avoir une vision claire de tous les signes. Pour cela, il faut progressivement s'imprégner des éléments clés qui seront utiles à la compréhension du thème.

Pour faciliter l'apprentissage, je ne vais pas vous proposer l'étude des signes classés par ordre classique mais présentés selon leur complémentarité :

- le Bélier et sa complémentarité avec la Balance ;
- le Taureau et sa complémentarité avec le Scorpion ;

- les Gémeaux et leur complémentarité avec le Sagittaire ;
- le Cancer et sa complémentarité avec le Capricorne ;
- le Lion et sa complémentarité avec le Verseau ;
- la Vierge et sa complémentarité avec les Poissons.

Rendez-vous à la section de votre signe du zodiaque, puis répondez aux questions correspondantes pour avoir des informations sur votre manière de vivre votre signe.

Si vous avez un maximum de « Oui », c'est que vous représentez votre signe dans toute sa splendeur. Il est encore plus important pour vous de connaître votre signe complémentaire qui permettra d'équilibrer certains aspects de votre vie.

Si vous avez un maximum de « Non », c'est que vous devez avoir un thème astral dans lequel l'énergie de votre signe n'est pas dominante. C'est le moment de faire connaissance avec votre signe de naissance et d'en comprendre la puissance. Nous allons voir comment développer et positiver ces atouts. Puis vous apprendrez à canaliser les énergies qui en découlent.

Vous aurez aussi à répondre à des questions ouvertes afin de prendre conscience de l'influence de votre signe sur votre comportement.

Ensuite, si vous le souhaitez, vous pouvez aussi explorer les signes correspondant à vos axes : ascendant/descendant et fond du ciel/milieu du ciel.

Ce module vous aidera à développer vos compétences grâce aux réflexions et aux conseils pratiques qu'il apporte.

Chapitre 1

Le Bélier

J'agis, donc je suis.

Quel type de Bélier êtes-vous ?

Répondez aux questions par oui ou par non :

1. Ai-je l'impression d'être l'élément moteur dans une équipe ?

   ❒ Oui
   ❒ Non

2. Mon entourage compte-t-il régulièrement sur moi ?

   ❒ Oui
   ❒ Non

3. Suis-je souvent impatient ?

   ❒ Oui
   ❒ Non

4. Ai-je l'habitude d'agir dans la précipitation ?

   ❒ Oui
   ❒ Non

5. [Pour une femme Bélier] Ne me dit-on pas que j'ai des côtés masculins dans ma manière de me comporter ?

   ❒ Oui
   ❒ Non

6. Ne me dit-on pas que je suis un homme/une femme de désirs (sentiments ardents) et que je m'emballe facilement côté cœur ?

❒ Oui
❒ Non

7. Me reproche-t-on de ne pas penser souvent aux autres ?

❒ Oui
❒ Non

8. Suis-je en colère quand je n'arrive pas à imposer mes convictions au travail ?

❒ Oui
❒ Non

9. Ai-je besoin de trouver une activité physique stimulante ?

❒ Oui
❒ Non

10. Est-ce que je booste ceux qui me côtoient ?

❒ Oui
❒ Non

Comment le Bélier se définit-il ? Comment vibre-t-il ?

Il a besoin d'éprouver des sensations fortes, Mars étant sa planète maîtresse. Symbole du guerrier, Mars l'incite à agir. Son besoin d'individualité devra s'exprimer d'une manière ou d'une autre au cours de la vie. À moins d'avoir des aspects particuliers dans le thème qui amoindriraient sa motivation, le Bélier a la chance de trouver l'impulsion nécessaire pour engager de nouveaux projets ou des démarches inédites.

Il n'a pas peur. Il sait qu'il est capable de réussir et ne cherche pas immédiatement à anticiper les conséquences de ses actes. Il est dans la spontanéité. Mais dans quels domaines ?

Notez les dernières fois où vous avez été l'initiateur d'un projet ou d'autre chose :

- au travail : ………………………………………………
- pour séduire : ……………………………………………
- pour acquérir de nouvelles connaissances : ………………………………………………………………
- pour des associations ou œuvres caritatives… : ……………………………………………………

Quelles ont été les conséquences de ces actions ? Agiriez-vous différemment aujourd'hui ?

………………………………………………………………

Quel est le trait principal qui vous caractérise selon votre entourage ?

………………………………………………………………

Canaliser l'énergie du Bélier

Le feu oriente le Bélier vers l'action, un peu moins vers la réflexion. Le challenge du Bélier est donc de trouver suffisamment de calme en lui pour agir en conscience, mais aussi de manière à ce que son entourage considère son intervention comme légitime.

La couleur rouge est associée au signe, elle est synonyme de vitalité et d'activité physique en concordance avec le chakra racine. Le Bélier a besoin de canaliser son énergie par une discipline sportive ou toute activité qui lui permet de libérer son dynamisme (comme la respiration colorée détaillée ci-dessous), et ainsi d'accéder à la sérénité.

LA RESPIRATION COLORÉE

Si vous avez l'impression de réagir par l'émotion, faites plusieurs respirations par le nez, inspirations et expirations longues sur trois temps. Visualisez une lumière rose qui rentre à l'intérieur de la tête par son sommet. Elle adoucit vos tensions et votre impatience. Elle imprègne toutes les cellules de votre corps afin de remplir votre cœur de cette lumière apaisante… À chaque expiration, expulsez la couleur grise qui progressivement deviendra blanche.

Les atouts du Bélier

- ★ Prendre des initiatives au moment opportun.
- ★ Savoir susciter l'enthousiasme chez les autres.
- ★ Montrer une attitude positive.
- ★ Faire face aux défis de la vie.
- ★ Connaître ses désirs intimes et les nourrir.

Chapitre 2

La Balance, le signe complémentaire du Bélier

J'aime, j'équilibre.

Quel type de Balance êtes-vous ?

Répondez aux questions par oui ou par non :

1. Est-ce que j'ai tendance à éviter les conflits ?

   ❒ Oui
   ❒ Non

2. Est-ce que j'aime coopérer avec les autres ?

   ❒ Oui
   ❒ Non

3. Mon entourage ne dit-il pas que je suis diplomate ?

   ❒ Oui
   ❒ Non

4. Suis-je attiré par le monde des arts et de l'esthétisme ?

   ❒ Oui
   ❒ Non

5. Suis-je prévenant et délicat ?

   ❒ Oui
   ❒ Non

6. Ai-je du mal à prendre une décision ?

   ❒ Oui
   ❒ Non

7. Suis-je souvent dans la séduction ?

   ❒ Oui
   ❒ Non

8. Suis-je en quête de personnes qui me compléteraient ?

   ❒ Oui
   ❒ Non

9. La facilité n'est-elle pas le chemin que je choisis en premier ?

   ❒ Oui
   ❒ Non

10. L'injustice peut-elle me mettre hors de moi ?

    ❒ Oui
    ❒ Non

Comment la Balance se définit-elle ? Comment vibre-t-elle ?

La Balance aime découvrir de nouvelles personnalités auxquelles elle se confronte. Sa nature « air » lui donne des capacités à communiquer dans la bienveillance et la diplomatie. Elle a besoin de trouver un équilibre entre sa propre personnalité et celle des personnes avec lesquelles elle se lie au cours de sa vie. Prendre une décision peut alors devenir délicat car elle a du mal à faire des choix. Elle est naturellement attirée par ce qui est beau, c'est pour cela que beaucoup d'entre elles peuvent se diriger vers un métier artistique.

N'aimant pas la solitude, elle aura toujours besoin de combler un vide intérieur, privilégiant les échanges et les discussions, surtout si le sujet concerne une cause importante à ses yeux.

Vénus, planète maîtresse de la Balance, lui donne le sens du partage et de la rencontre de l'autre.

Notez la dernière fois où vous avez fait la démarche d'aller vers quelqu'un :

- de manière spontanée ou réfléchie : ....
- dans l'optique d'avoir de nouveaux amis :
  ....
- dans un cadre professionnel : ....
- pour une rencontre sentimentale : ....

Comment se sont passées ces rencontres ? Quelles sensations avez-vous ressenties ?

....

Canaliser l'énergie de la Balance

Son challenge est de pouvoir se sentir reliée à soi plus qu'aux autres, c'est-à-dire de développer sa relation à soi-même :

- trouver un coach personnel qui lui permette de se concentrer sur ses objectifs ;
- trouver une activité plus agressive comme la boxe ou un art martial de combat ;
- se connecter à un arbre et sentir sa force individuelle ;

- accepter sa bienveillance envers l'autre en sublimant l'énergie de la Balance.

Les atouts de la Balance

★ Avoir le sens du partage.

★ Créer des liens.

★ Conseiller grâce à son goût sûr.

★ Défendre des causes importantes.

★ Prodiguer attention et délicatesse.

Le Bélier et sa complémentarité avec la Balance

Le sens de mon action et mon rapport à l'autre. Vous avez maintenant un aperçu des signes opposés et complémentaires Bélier et Balance. Cet axe nous amène à réfléchir sur notre rapport à soi et à l'autre. Lorsque j'entre en action, je suis dans mon individualité qui aura vraisemblablement une incidence sur l'autre, qui ne sera peut-être pas toujours en accord avec mes décisions. Inversement, lorsque je prends en compte l'autre avant moi, je risque d'oublier ma propre personnalité.

Quand on a un penchant plus marqué pour l'un ou l'autre de ces pôles, il y a déséquilibre. C'est pour cela qu'il est intéressant de savoir ce que l'on doit combler afin de rétablir l'harmonie. Le but est de trouver son propre équilibre, c'est-à-dire d'être « véritablement soi » et d'écouter ce qui nous motive dans la vie, tout en prenant en compte les suggestions de l'autre. « L'autre » peut être le conjoint ou une personne qui comptera pour soi. Cela revient à trouver une manière de fonctionner dans toute relation, à bien doser pour ne pas provoquer susceptibilités ou frictions, tout en gardant une grande liberté d'action.

Cette relation à l'autre et à son univers agit aussi comme un miroir et présente une autre facette de soi, elle ouvre la vision et peut apporter d'autres solutions. Elle peut être riche d'enseignements.

Chapitre 3

Le Taureau

Je désire, je possède.

Quel type de Taureau êtes-vous ?

Répondez aux questions par oui ou par non :

1. Est-ce que j'ai un attrait particulier pour la nourriture ?

   ❒ Oui
   ❒ Non

2. Est-ce que j'aime me laisser vivre ?

   ❒ Oui
   ❒ Non

3. Ne dit-on pas que je suis de nature tranquille ?

   ❒ Oui
   ❒ Non

4. Ne dit-on pas que j'ai les pieds sur terre ?

   ❒ Oui
   ❒ Non

5. Me reproche-t-on de vouloir un confort excessif ?

   ❒ Oui
   ❒ Non

6. Est-ce que la sensualité a une place importante dans l'amour ?

   ❒ Oui
   ❒ Non

7. Suis-je de nature possessive et jalouse ?

❒ Oui
❒ Non

8. Suis-je fidèle en amour ?

❒ Oui
❒ Non

9. Est-ce que je choisis un travail mieux payé même s'il est plus besogneux ?

❒ Oui
❒ Non

10. Est-ce que je me considère comme une tortue qui avance lentement mais arrive toujours à destination grâce sa ténacité ?

❒ Oui
❒ Non

Comment le Taureau se définit-il ? Comment vibre-t-il ?

Il a besoin principalement d'accéder à la tranquillité. Son cadre de vie est important, il se sentira bien dans une grande maison entourée d'arbres et de verdure. Il aime se sentir proche de la nature. Le plaisir des sens est ce qui le fait vibrer, comme faire un bon repas du terroir ou recevoir un massage. Il est très épicurien. Il a une manière terre à terre de voir les choses, ce qui est important pour lui, c'est de construire du solide. Tout doit durer dans le temps. Il évite de se laisser aller à certaines fantaisies car il considère cela comme une perte de temps. Il a toutes les qualités d'un bon gestionnaire.

Symbole de l'amour et des belles choses, Vénus incite parfois le Taureau à trop profiter. Mais dans quel cadre ?

Notez la dernière fois où vous avez fait un investissement conséquent :

....

Est-ce quelque chose dont vous avez profité tout de suite ou était-ce par anticipation ?

....

Est-ce que vous regrettez cet investissement ?

....

Notez la dernière fois où vous êtes sorti de votre zone de confort ?

....

Comment avez-vous vécu cette expérience de vie ?

....

Canaliser l'énergie du Taureau

L'élément terre conduit le Taureau à rester dans la sphère du concret et du réel.

Le challenge de ce signe est de trouver l'énergie nécessaire pour prendre des décisions, même si celles-ci risquent de bousculer quelque peu sa tranquillité et de le faire sortir de sa zone de confort :

- apprendre à rêver et à découvrir la magie de la vie ;
- revoir sa notion du temps car le Taureau a tendance à trop prendre son temps ;
- ne pas remettre au lendemain ce que l'on peut faire le jour même. Lorsqu'on a décidé de changer quelque chose, agir et prendre à cœur cette décision ;
- accepter son côté hédoniste en sublimant l'énergie du Taureau.

Les atouts du Taureau

★ Apporter de la douceur et de l'amour à ses proches.

★ Trouver le meilleur cadre de vie correspondant à ses valeurs.

★ Profiter des plaisirs simples de la vie.

★ Réconforter et rassurer ceux qui en ont besoin.

★ Profiter de ce que l'Univers lui envoie.

Chapitre 4

Le Scorpion, le signe complémentaire du Taureau

Je lutte, je sublime, je transforme.

Quel type de Scorpion êtes-vous ?

Répondez aux questions par oui ou par non :

1. Suis-je souvent sujet à des remises en question ?

   ❒ Oui
   ❒ Non

2. Ma vie est-elle synonyme de lutte ?

   ❒ Oui
   ❒ Non

3. Mon entourage dit-il que je n'ai pas un caractère facile ?

   ❒ Oui
   ❒ Non

4. Est-ce que je ressens quelquefois un sentiment d'abandon ?

   ❒ Oui
   ❒ Non

5. Ai-je un esprit très curieux ?

   ❒ Oui
   ❒ Non

6. Dit-on de moi que je suis un véritable détective ?

   ❒ Oui
   ❒ Non

7. Est-ce que j'aime vivre des émotions fortes ?

   ❐ Oui
   ❐ Non

8. Suis-je attiré par l'ésotérisme ou les sciences occultes ?

   ❐ Oui
   ❐ Non

9. Ai-je un fort magnétisme ?

   ❐ Oui
   ❐ Non

10. Suis-je comme le phénix qui renaît de ses cendres ?

    ❐ Oui
    ❐ Non

Comment le Scorpion se définit-il ? Comment vibre-t-il ?

Ce signe est de nature secrète, il est en quête de connaissance, particulièrement sur les mystères du monde qui l'entoure. Il a une manière bien à lui d'appréhender le monde. Son besoin de purification l'amène à détruire pour mieux construire. Ses forces puissantes d'origine souterraines lui font découvrir sa part d'ombre, qu'il pourra, s'il le souhaite, transformer à son avantage. Charismatique, il a la capacité de développer son pouvoir personnel naturellement. Son besoin de vivre des émotions d'une grande intensité est important. Avec lui, c'est tout ou rien.

Pluton, planète de la transformation, incite le Scorpion à des remises en question.

Notez la dernière fois où vous avez rejeté quelque chose ou quelqu'un dans votre vie :

....

Quel a été le retour de cette expérience ?

....

Qu'avez-vous construit par la suite ?

- Au niveau privé : ....
- Au niveau professionnel : ....

Canaliser l'énergie du Scorpion

L'élément eau touche l'émotionnel. Le challenge du Scorpion est d'arriver à ne pas tout prendre à cœur et à vivre son existence d'une manière plus légère :

- pratiquer la clown-thérapie, qui permet de s'autoriser à être ce que l'on veut, et en conséquence de se détacher du jugement des autres et de trouver son authenticité ;
- faire du théâtre, ce qui permet d'avoir du recul sur sa vie et d'avoir plusieurs visions grâce aux différents personnages que l'on intègre ;
- apprendre à être dans la gratitude pour ce que la vie nous apporte ;

- accepter sa force en sublimant l'énergie du Scorpion.

Les atouts du Scorpion

★ Découvrir les mystères cachés.

★ Transformer une situation à son avantage.

★ Vivre un amour passionné.

★ Dire ce qu'il pense sans hypocrisie.

★ Vivre une vie qui n'est pas routinière.

Le Taureau et sa complémentarité avec le Scorpion

Le sens de la sécurité et le besoin de se transformer.

Construire et détruire/axe réalisation

Après avoir étudié les caractéristiques des deux signes, vous comprenez maintenant l'équilibre subtil entre ces deux pôles. Il y a un temps pour accumuler des richesses et construire des choses et un autre pour détruire, ce qui nous permet de passer à autre chose. Sans nettoyage, on ne laisse pas de place à la nouveauté. Les remises en question sont importantes pour évoluer. La sécurité n'est peut-être qu'une vue de l'esprit, c'est justement en sortant de sa zone de confort que l'on va apprendre à connaître ses limites, qui parfois nous étonnent dans le bon sens. Mais il y a aussi un temps pour se poser et profiter de ce que l'Univers nous offre en gardant un sentiment de gratitude. C'est l'influence du Taureau qui apporte un peu de stabilité et de repos de l'esprit.

Regardez le pôle qui est dominant chez vous et réfléchissez à ce que vous pourriez modifier dans votre façon de faire. Dans tous les cas, gardez un équilibre.

Chapitre 5

Les Gémeaux

Je pense, j'échange.

Quel type de Gémeaux êtes-vous ?

Répondez aux questions par oui ou par non :

1. Ne dit-on pas de moi que je suis un bon communicant ?

❒ Oui
❒ Non

2. Suis-je d'un naturel curieux ?

❒ Oui
❒ Non

3. Ai-je parfois l'impression de me disperser ?

❒ Oui
❒ Non

4. Est-ce que j'ai une grande vivacité d'esprit ?

❒ Oui
❒ Non

5. Est-ce que j'aime m'instruire dans les disciplines que j'aime ?

❒ Oui
❒ Non

6. Ai-je souvent besoin de discuter ?

❒ Oui
❒ Non

7. Mon entourage ne dit-il pas que je ne sais pas rester en place ?

   ❒ Oui
   ❒ Non

8. Ai-je du mal à tenir mes engagements ?

   ❒ Oui
   ❒ Non

9. Est-ce que je ressens une forte dualité en moi ?

   ❒ Oui
   ❒ Non

10. Suis-je capable de m'adapter à toutes les situations ?

    ❒ Oui
    ❒ Non

Comment les Gémeaux se définissent-ils ? Comment vibrent-ils ?

Les Gémeaux sont de bons communicants. De nature sociable, ils aiment discuter et échanger dès qu'ils en ont la possibilité. Signe cérébral, leurs nombreuses capacités intellectuelles leur donnent le goût de la connaissance. Ils peuvent notamment être doués pour l'apprentissage des langues ou du chant. La notion de mouvement est aussi importante, ils peuvent s'intéresser à la danse ou à toutes disciplines qui font bouger le corps dans l'espace. Ils ont cependant du mal à rester en place et ont besoin de changement pour se sentir bien. Ils peuvent avoir du mal à se fixer et peuvent être considérés comme superficiels.

Mercure est leur planète maîtresse, elle symbolise la communication.

Notez la dernière fois où vous avez été convaincant et où votre expression a été perçue comme telle :

- au cours d'une conférence : ....
- au cours d'un entretien : ....
- dans une optique de séduction : ....
- pour un projet artistique ou autre : ....

Remémorez-vous ce que l'on a dit de vous ?

....

Qu'est-ce que cela vous a apporté à court, moyen et long terme ?

....

Canaliser l'énergie des Gémeaux

L'élément air est associé aux échanges et aux mouvements.

Le challenge des Gémeaux est de trouver un certain calme et une sérénité intérieure. Ils doivent aller vers un approfondissement des domaines qui les intéressent et être dans l'instant présent sans penser en avance à ce qui va suivre.

Pour cela, ils peuvent envisager :

- la méditation ;
- la conscience du moment présent.

Les atouts des Gémeaux

★ Surprendre en positif les gens autour d'eux.

★ Trouver des idées.

★ Être dotés de qualités relationnelles.

★ Faire preuve de compréhension.

★ Conserver leur éternelle jeunesse d'esprit.

Chapitre 6

Le Sagittaire, le signe complémentaire des Gémeaux

J'idéalise, j'aspire.

Quel type de Sagittaire êtes-vous ?

Répondez aux questions par oui ou par non :

1. Ne dit-on pas de moi que je suis un idéaliste ?

   ❒ Oui
   ❒ Non

2. Suis-je attiré par la spiritualité ou la religion ?

   ❒ Oui
   ❒ Non

3. Suis-je considéré comme une personne curieuse ?

   ❒ Oui
   ❒ Non

4. Est-ce que les grands voyages me nourrissent ?

   ❒ Oui
   ❒ Non

5. Suis-je de nature aventurière ?

   ❒ Oui
   ❒ Non

6. Ai-je l'impression d'avoir un besoin profond de nourrir mon âme ?

   ❒ Oui
   ❒ Non

7. Suis-je de nature optimiste ?

   ❒ Oui
   ❒ Non

8. Ne dit-on pas de moi que je suis un caméléon ?

   ❒ Oui
   ❒ Non

9. Est-ce que je peux me laisser aller à des excès ?

   ❒ Oui
   ❒ Non

10. Dois-je trouver un sens profond à ma vie pour me sentir en harmonie ?

   ❒ Oui
   ❒ Non

Comment le Sagittaire se définit-il ? Comment vibre-t-il ?

Tout feu, tout flamme, le Sagittaire est un signe qui se définit par sa spontanéité et son ouverture. Son besoin d'expansion donne l'impression qu'il n'a aucune limite. Il pousserait les murs s'il pouvait le faire. Il est donc en recherche de grands espaces. À un niveau plus profond, il s'intéressera aux domaines qui ont un sens profond, comme la philosophie, la spiritualité ou la religion. Il se nourrira des différentes cultures qui l'attirent.

Jupiter est sa planète maîtresse, elle lui apporte cette envie de découvertes et d'expansion.

Notez la dernière fois où vous avez découvert des choses qui vous ont nourri intérieurement : au cours de lectures, rencontres, formations... Est-ce que ses connaissances vous ont permis de réaliser des objectifs qui vous tenaient à cœur ? : ....

Canaliser l'énergie du Sagittaire

Même si son besoin d'expansion est fort, il devra quelquefois accepter de se limiter :

- prendre conscience de ses limites en écoutant son corps : commencer par du Yoga qui fait travailler le corps en conscience ;
- trouver un rythme qui lui convient et s'y tenir : tenir un cahier où l'on notera les heures de sommeil, les besoins importants et s'y référer pour comprendre son fonctionnement intérieur ;
- accepter ses qualités d'ouverture d'esprit pour sublimer l'énergie du Sagittaire.

Les atouts du Sagittaire

★ Vivre une vie riche.

★ Se diriger vers ce qui a du sens.

★ Apporter de la bienveillance.

★ Découvrir de nouvelles approches spirituelles.

★ Apprécier le monde qui l'entoure.

Le Gémeau et sa complémentarité avec le Sagittaire

Le sens de la réflexion et le besoin de hautes aspirations.

L'étude et la quête spirituelle

Cet axe de découverte nous permet de prendre conscience de nos capacités intellectuelles et de notre ouverture à la connaissance. De quels genres d'apprentissages avons-nous besoin ? Est-ce que nous voulons emmagasiner des connaissances afin d'être reconnus par la société, trouver un travail qui nous correspond ? Ou bien allons-nous choisir des informations qui nous nourrissent ? Cet axe est celui de l'apprentissage sous toutes ses formes. L'individu va passer d'un univers à l'autre, passant de la sphère du mental à celle de l'esprit éclairé, de domaine culturel à la notion de foi amenant à des réflexions sur le sens de l'existence. Les découvertes se font lorsque nous sommes dans la souplesse, l'ouverture, l'écoute et surtout le mouvement. Aller vers l'autre, communiquer et surtout voyager. Cette adaptabilité permet d'avancer et de se fondre dans différentes cultures et systèmes de pensée. L'équilibre entre les Gémeaux et le Sagittaire se trouvera entre le profane et le sacré. Chaque univers devra trouver sa place dans la vie de la personne.

Chapitre 7

Le Cancer

Je perçois, je sens.

Quel type de Cancer êtes-vous ?

Répondez aux questions par oui ou par non :

1. Ai-je le sens de la famille ?

   ❒ Oui
   ❒ Non

2. Me considère-t-on comme une personne serviable et attentionnée ?

   ❒ Oui
   ❒ Non

3. Suis-je influençable ?

   ❒ Oui
   ❒ Non

4. Mon entourage me considère-t-il comme quelqu'un de sensible ?

   ❒ Oui
   ❒ Non

5. Suis-je intuitif ?

   ❒ Oui
   ❒ Non

6. Me reproche-t-on d'être trop susceptible ?

   ❒ Oui
   ❒ Non

7. Ai-je l'habitude de ressasser les choses ?

❒ Oui
❒ Non

8. Ne dit-on pas de moi que je suis de nature mélancolique ?

❒ Oui
❒ Non

9. Ai-je besoin de sécurité affective pour me sentir bien ?

❒ Oui
❒ Non

10. Ai-je l'impression de trop donner de moi ?

❒ Oui
❒ Non

Comment le Cancer se définit-il ? Comment vibre-t-il ?

Il a besoin de se sentir protégé et rassuré. Discret et humble, ce signe attachant a besoin de vivre dans un environnement sécurisant. De nature émotive et sensible, il aura cœur à être attentif au bien-être des autres ce qui ne l'empêche pas d'avoir une force de caractère rendant ce signe moins facile à cerner.

La Lune est sa planète maîtresse, elle lui apporte imagination, intuition, mais aussi des changements d'humeur. Les symboles de fécondité, d'enfance et du lien maternel font partie de son univers.

Notez les dernières fois où vous avez suivi votre intuition :

- au niveau professionnel : ....

- pour un problème du quotidien : ....
- au niveau sentimental : ....
- pour aider des proches ou la famille : ....

Aviez-vous vu juste dans votre ressenti ?

Canaliser l'énergie du Cancer

Il doit apprendre à se renforcer intérieurement par :

- la connaissance de soi, apprendre à ne pas somatiser ;
- la prise de risque ;
- accepter sa force intuitive pour sublimer l'énergie du Cancer.

Les atouts du Cancer

★ S'occuper de ses proches.

★ Écouter ses intuitions.

★ Apporter de l'affection.

★ Être imaginatif.

★ Avoir un puissant lien familial.

Chapitre 8

Le Capricorne, le signe complémentaire du Cancer

J'ambitionne, je persévère.

Quel type de Capricorne êtes-vous ?

Répondez aux questions par oui ou par non :

1. Ai-je besoin de savoir où je vais ?

   ❒ Oui
   ❒ Non

2. Lorsque j'ai un projet en route, suis-je persévérant ?

   ❒ Oui
   ❒ Non

3. Ne dit-on pas de moi que j'ai un petit côté austère ?

   ❒ Oui
   ❒ Non

4. Est-ce que j'ai tendance à prendre tout au sérieux ?

   ❒ Oui
   ❒ Non

5. Ai-je l'habitude de prendre des responsabilités ?

   ❒ Oui
   ❒ Non

6. Mon entourage dit-il que l'on peut compter sur moi ?

❒ Oui
❒ Non

7. Est-ce que j'aime donner des directives ?

❒ Oui
❒ Non

8. Est-ce que j'aime me fixer des objectifs ?

❒ Oui
❒ Non

9. Ai-je tendance à prendre le temps qu'il faut pour y arriver ?

❒ Oui
❒ Non

10. La discrétion me caractérise-t-elle ?

❒ Oui
❒ Non

Comment le Capricorne se définit-il ? Comment vibre-t-il ?

D'un naturel discret, le Capricorne est le signe le plus responsable du zodiaque. C'est un travailleur acharné qui veut atteindre ses objectifs définis au préalable. Il n'aime pas la frivolité ni ce qui est superficiel. Sa force de caractère lui donne la patience et l'acharnement nécessaires à toutes les réussites. Il a besoin de trouver des moments de solitude pour se retrouver.

Saturne est sa planète maîtresse, elle lui apporte la persévérance nécessaire à la réalisation de ses projets.

Notez la dernière fois où votre persévérance vous a permis d'arriver à ce que vous souhaitiez :

- dans un cadre professionnel : ....
  De quelle manière ? ....
- au niveau personnel : ....
  Quelles ont été vos impressions ? ....

Canaliser l'énergie du Capricorne

Même si son envie de réussir et de concrétiser des projets prend de la place dans sa vie, le Capricorne a besoin de :

- devenir adepte de la théorie « Je m'en fous ». Apprendre à moins prendre au sérieux les choses, retrouver de la fluidité et de la légèreté. Voir la vie avec un regard plus doux ;
- profiter de ce qui l'entoure, être dans l'instant présent ;
- apprendre la contemplation ;
- accepter son énergie de persévérance pour sublimer l'énergie du Capricorne.

Les atouts du Capricorne

★ Créer un cadre de travail efficace.

★ Fixer et atteindre ses objectifs.

- Susciter la confiance chez les autres.
- Mettre un point d'honneur à tenir sa parole.
- Avoir une vision claire et planifiée.

Le Cancer et sa complémentarité le Capricorne

Le sens de la famille et du devoir, des responsabilités envers ses enfants ou parents.

Conscience du rôle que l'on a dans l'existence

Cet axe de mission est très important, car il touche les origines et les racines, mais aussi ce vers quoi nous voulons aller. La source de notre identité provient de nos parents, de nos ancêtres, elle nous met en position « d'enfant de ».

Qu'est-ce qu'un enfant ? C'est un être qui est encore proche de ses émotions et qui vit dans la spontanéité. Il découvre et expérimente la vie. Il recherche l'amour, le soutien et le réconfort de ses parents. Cela représente l'état d'esprit du Cancer avec son besoin d'affectif fort. L'enfant devient adulte lorsqu'il prend conscience de son individualité puis lorsqu'il agit de manière libre et responsable. Il peut alors lui-même devenir parent et apporter une base stable à son enfant. Cela représente le Capricorne avec son sens des responsabilités.

Cet axe enfant/parent nous parle de l'évolution du rôle de l'individu au cours du temps. Mais il faut garder en mémoire que, même adulte, le Capricorne doit retrouver en lui cet enfant intérieur qui continue à le nourrir et à lui donner foi en la vie. Il ne doit pas oublier qu'il faut conserver une part de spontanéité pour prendre conscience que la vie est un miracle, et parfois observer les choses comme si c'était la première fois. À l'inverse, le Cancer doit accepter qu'il peut s'apporter lui-même ce dont il manque. Il doit pouvoir quitter son nid et prendre ses responsabilités, sans avoir peur du sentiment d'abandon qui peut l'envahir. L'individu doit alors trouver un équilibre entre ses besoins émotionnels et ses ambitions personnelles.

Chapitre 9

Le Lion

Je peux, je rayonne.

Quel type de Lion êtes-vous ?

Répondez aux questions par oui ou par non :

1. Ne dit-on pas de moi que j'ai une grande confiance en moi ?

❒ Oui
❒ Non

2. Ai-je besoin d'être régulièrement admiré ?

❒ Oui
❒ Non

3. Quand je décide quelque chose, est-ce que je m'y tiens ?

❒ Oui
❒ Non

4. Est-ce que le sentiment de réussite est important pour moi ?

❒ Oui
❒ Non

5. Mon entourage pense-t-il que j'ai une forte volonté ?

❒ Oui
❒ Non

6. Est-ce que l'on me considère quelquefois comme quelqu'un qui joue la comédie ?

   ❒ Oui
   ❒ Non

7. Suis-je un peu trop individualiste ?

   ❒ Oui
   ❒ Non

8. Dit-on de moi que je suis charismatique ?

   ❒ Oui
   ❒ Non

9. Suis-je doué dans le domaine artistique ?

   ❒ Oui
   ❒ Non

10. Est-ce que je suis sujet à faire des coups d'éclat ?

    ❒ Oui
    ❒ Non

Comment le Lion se définit-il ? Comment vibre-t-il ?

Il a un grand besoin d'être mis en lumière ou de se sentir admiré. De nature généreuse, il aime voir les choses en grand. La vie peut devenir une scène de spectacle dont il serait l'acteur et le réalisateur. D'un tempérament de feu, il met toute son énergie à avoir du succès, que ce soit dans le domaine des affaires ou dans les sentiments. Il a un côté « directeur » qui lui donne cette assurance, cette confiance en lui. On peut le considérer comme quelqu'un de fier. S'il se sent trompé, il aura du mal à redonner sa confiance.

Le Soleil est sa planète maîtresse, elle lui donne une volonté personnelle forte.

Notez la dernière fois où vous avez utilisé votre volonté pour dépasser quelque chose :

- dans un contexte professionnel : ....
- au niveau personnel : ....
- concernant un challenge : ....
- pour plaire à quelqu'un : ....

Quelle a été votre manière de faire et quels ont été les résultats ? ....

Canaliser l'énergie du Lion

Il doit apprendre à lâcher prise et à trouver une sérénité sans mobile particulier :

- pratiquer la cohérence cardiaque et/ou la sophrologie ;
- accepter son besoin de jouer et de révéler sa lumière pour sublimer l'énergie du Lion.

Les atouts du Lion

- Réussir dans ce qu'il entreprend.
- Savoir diriger un groupe.
- Être intègre.
- Apporter de la chaleur et de l'amour à ses proches.
- Être doté du sens artistique et de celui du jeu.

Chapitre 10

Le Verseau, le signe complémentaire du Lion

Je coopère, je réforme.

Quel type de Verseau êtes-vous ?

Répondez aux questions par oui ou par non :

1. Dit-on souvent de moi que je suis original ?

   ☒ Oui
   ❒ Non

2. Suis-je attiré par les nouvelles technologies ?

   ☒ Oui
   ❒ Non

3. Mon entourage ne dit-il pas que je suis quelqu'un d'altruiste ?

   ☒ Oui
   ❒ Non

4. Est-ce que je fais partie de diverses associations ?

   ☒ Oui
   ❒ Non

5. Ne dit-on pas que j'arrive là où l'on m'attend le moins ?

   ☒ Oui
   ❒ Non

6. Est-ce que j'aime le côté imprévu d'une situation ?

❒ Oui
☒ Non

7. M'arrive-t-il d'avoir des idées qui sortent de l'ordinaire ?

☒ Oui
❒ Non

8. Suis-je inventif ?

☒ Oui
❒ Non

9. Est-ce que l'on dit parfois de moi que l'on n'arrive pas à me suivre ?

☒ Oui
❒ Non

10. Suis-je attaché au changement et au sentiment de liberté ?

☒ Oui
❒ Non

Comment le Verseau se définit-il ? Comment vibre-t-il ?

Ce signe d'air est associé à tout ce qui sort du cadre, ce qui est hors norme. L'esprit alerte du Verseau lui permet d'avoir de nombreuses idées, dont certaines peuvent être géniales. Cela lui donne un côté visionnaire. De nature rebelle et indépendante, il peut être difficile de suivre son cheminement original. Il aime s'impliquer dans des groupes ou des associations, et l'amitié a le plus souvent une grande place dans sa vie.

Uranus est sa planète maîtresse, elle lui donne cette capacité à innover.

Notez la dernière fois où vous avez apporté des idées différentes ou originales :

- dans un cadre professionnel : ....
- dans un cadre privé : ....
- autre : ....

Comment ces idées ont-elles été acceptées ? Quels ont été vos moyens d'action ? ....

Canaliser l'énergie du Verseau

Même si son esprit de révolte et de changement prend le dessus, il essaiera de garder du recul, il pourra :

- écouter les opinions de chacun, même si elles sont différentes ;
- apprendre à accepter les choses comme elles sont. Quelquefois, ce n'est pas le moment d'amorcer un changement ;
- adopter la slow-attitude ;
- accepter ses énergies d'originalité et sublimer l'énergie du Verseau.

Les atouts du Verseau

★ Apporter de la nouveauté, de la fantaisie.

★ Sortir de la routine.

- ★ Partager des valeurs d'humanisme.
- ★ Profiter de son esprit réactif.

Le Lion et sa complémentarité le Verseau

Le sens du rayonnement personnel, du plaisir et le besoin d'aider le collectif dans l'innovation et la liberté.

Conscience dans la réalisation des projets individuels ou collectifs

Cet axe basé sur les axes des sentiments (amour/amitié) nous conduit dans la sphère de ce qui nous motive, nous anime et nous apporte du plaisir. Il tend à exprimer ce que nous dégageons, c'est-à-dire ce que nous sommes. L'expression de notre être va nous amener à découvrir différentes facettes de notre personnalité. Comment notre créativité va-t-elle s'exprimer ? Qu'est-ce qui nous différencie de l'autre ?

Le Lion est plus personnel, contrairement au Verseau qui privilégie le collectif. On remarque aussi que le Lion, signe solaire de l'été, met plus en avant sa vie amoureuse, tandis que le Verseau se tourne plus vers l'amitié. Nous sommes donc dans un axe personnel/collectif. Un peu comme pour les signes du Bélier et de la Balance qui s'interrogent sur le fait d'agir pour soi ou pour les autres, le questionnement est ici de savoir si l'on privilégie ses sentiments et ce qui nous fait plaisir ou, au contraire, si l'on choisit d'apporter de la valeur ajoutée au collectif pour le bien-être du groupe.

Nous voyons donc le sens plus profond de ces éléments. La question posée est de savoir comment transcender notre part égoïste pour aller vers notre part altruiste. Cependant, être dans l'ego n'est pas négatif en soi, car celui-ci nous permet de connaître nos goûts et d'accéder au bien-être dans cette vie. Ce sentiment passe aussi par la confiance en soi et en ses potentiels.

Chapitre 11

La Vierge

J'analyse, je sers.

Quel type de Vierge êtes-vous ?

Répondez aux questions par oui ou par non :

1. Est-ce que je pense avoir le sens du détail ?

   ❒ Oui
   ❒ Non

2. Est-ce que j'ai besoin de me sentir utile ?

   ❒ Oui
   ❒ Non

3. Mon entourage ne dit-il pas que j'ai le sens pratique ?

   ❒ Oui
   ❒ Non

4. Suis-je perfectionniste ?

   ❒ Oui
   ❒ Non

5. Ai-je un bon esprit logique ?

   ❒ Oui
   ❒ Non

6. Est-il important pour moi de prendre soin de mon corps ?

   ❒ Oui
   ❒ Non

7. Suis-je considéré comme un bon assistant ?

❒ Oui
❒ Non

8. Suis-je de nature hypocondriaque ?

❒ Oui
❒ Non

9. Ai-je besoin de trouver une activité quotidienne qui a du sens pour moi ?

❒ Oui
❒ Non

10. Est-ce que j'ai l'habitude de peser le pour et le contre avant de prendre une décision ?

❒ Oui
❒ Non

Comment la Vierge se définit-elle ? Comment vibre-t-elle ?

La Vierge est le signe qui a besoin d'intellectualiser les choses, de peser chaque élément afin d'être sûr de prendre la bonne décision. C'est un signe qui va se diriger vers tout ce qui lui permettra d'aider son prochain. Pragmatique et rationnel, il a l'art de voir rapidement si un détail cloche quelque part. Cette rigidité peut l'empêcher d'agir de manière spontanée. Mais cette approche est importante si l'on a besoin de vérifier chaque point de détail d'un projet.

Mercure est la planète de la communication et de l'intellect, elle lui confère un esprit raisonné.

Notez la dernière fois où votre critique a été constructive :

- dans la sphère professionnelle : ....
- au cours d'un débat, d'une réunion : ....
- dans la sphère privée : ....

Comment ces critiques ont-elles été perçues par les autres ? ....

Canaliser l'énergie de la Vierge

Elle doit apprendre à voir aussi les choses dans leur globalité, et pas seulement dans les détails, elle pourra :

- se connecter à la nature ;
- visionner des vidéos sur l'espace et les galaxies, et voir l'immensément grand ;
- avoir une activité qui permet de « lâcher le mental » (improvisation théâtrale ou danse) ;
- accepter son esprit rigoureux pour sublimer l'énergie de la Vierge.

Les atouts de la Vierge

★ Trouver le détail manquant.

★ Apporter son soutien à ceux qui en ont besoin.

★ Rationaliser un esprit confus.

★ Prendre soin de son corps et de sa santé.

★ Avoir des qualités de raisonnement.

Chapitre 12

Les Poissons, le signe complémentaire de la Vierge

Je crois, je compatis, je me dévoue.

Quel type de Poissons êtes-vous ?

Répondez aux questions par oui ou par non :

1. Dit-on de moi que je suis hypersensible ?

   ❐ Oui
   ❐ Non

2. Est-ce que je m'adapte facilement aux nouvelles situations ?

   ❐ Oui
   ❐ Non

3. Ne dit-on pas de moi que je suis de nature rêveuse ?

   ❐ Oui
   ❐ Non

4. Mon imagination est-elle débordante ?

   ❐ Oui
   ❐ Non

5. Suis-je sensible à mon environnement ?

❐ Oui
❐ Non

6. Un rien peut-il me déstabiliser ?

❐ Oui
❐ Non

7. Ai-je l'impression de vouloir sauver le monde ?

❐ Oui
❐ Non

8. Ai-je tendance à m'oublier ?

❐ Oui
❐ Non

9. Suis-je parfois influençable ?

❐ Oui
❐ Non

10. Est-ce qu'il m'arrive parfois de m'apitoyer sur mon sort ?

❐ Oui
❐ Non

Comment les Poissons se définissent-ils ? Comment vibrent-ils ?

Ce dernier signe du zodiaque, qui vit exclusivement dans l'eau, est l'image parfaite d'un être qui n'aimerait vivre que dans son monde. De nature compatissante et douce, les Poissons ont besoin de donner beaucoup d'eux-mêmes. Ils aiment sentir qu'ils sont reliés à l'Univers ou à une puissance supérieure, ce qui leur donne un côté mystique. La réalité du quotidien les ennuie, ils préfèrent rêver leur vie à la manière d'un poète. Au moindre problème, ils peuvent facilement s'apitoyer sur eux-mêmes et sombrer à cause de désillusions.

Neptune, leur planète maîtresse, leur donne une capacité imaginative très forte.

Notez la dernière fois où votre imagination vous a aidé dans la vie :

- au niveau professionnel : ....
- au niveau privé : ....

Qu'avez-vous ressenti ? Comment cela vous a-t-il permis de modifier la situation à votre avantage ? ....

Canaliser l'énergie des Poissons

Même s'ils ont besoin d'être dans leur intériorité, les Poissons affrontent le monde extérieur, ils peuvent :

- se challenger, par exemple faire des discours en public en laissant peu transparaître leurs émotions ;
- apprendre à concentrer leur attention sur un sujet particulier ;
- trouver une routine quotidienne qui motive et stimule leur énergie pour la journée ;
- accepter la puissance du rêve et de l'imagination pour sublimer l'énergie des Poissons.

Les atouts des Poissons

- ★ Ressentir les émotions.
- ★ Développer ses dons psychiques.
- ★ Donner du rêve.
- ★ S'adapter à toutes les situations.
- ★ Prodiguer de la compassion.

La Vierge et sa complémentarité avec les Poissons

Le sens de l'entraide et du sacrifice.

Conscience du service et de la transcendance

Ce dernier axe est lié à la façon dont on peut aider les autres dans sa sphère individuelle, pour ensuite évoluer vers une implication plus forte dans la sphère collective ou universelle.

La Vierge et les Poissons vont vouloir donner de leur personne afin de donner du sens à ce qu'ils font. Ici, nous ne sommes plus dans le plaisir mais dans le don de soi. Il s'agit alors d'oublier un temps son ego pour vivre non pas pour soi, mais pour quelque chose de plus grand. S'oublier donne l'opportunité d'aller plus loin car on ne pense pas à ses propres limites, cependant il ne faut pas tomber dans le sacrifice individuel. Dans cet axe, un équilibre est donc à trouver entre le temps consacré à aider concrètement quelqu'un autour de soi et le temps que l'on accorde à sa vision mystique ou spirituelle.

Nous venons de voir les caractéristiques de chaque signe puis de chaque paire de signes complémentaires, nous avons maintenant une vision plus claire sur l'équilibre à trouver entre nos deux pôles.

Pour mettre en pratique ces nouvelles connaissances, vous pouvez analyser la position du Soleil et de son signe opposé de manière à mieux comprendre les facettes de votre personnalité. Cette étude vous amènera à vous positionner et à appréhender votre fonctionnement quotidien.

CONCLUSION

Ce guide d'initiation à l'astrologie vous a apporté les bases pour comprendre un thème astrologique. Son approche originale vous a permis de vous familiariser avec le langage des astres et de vous imprégner de l'état d'esprit de chaque planète, comme si de véritables personnages avec leur univers et leurs émotions vivaient en vous.

Par la suite, je vous conseille de travailler sur les thèmes de personnes que vous côtoyez, car plus vous vous entraînerez, plus vous aurez des automatismes et des facilités dans l'analyse d'un thème. Vous éprouverez sûrement le besoin d'approfondir vos connaissances, lisez beaucoup sur le sujet, parcourez des forums de discussion dédiés à l'astrologie. Progressivement, vous n'aurez plus besoin de vous reposer sur la personnalisation des planètes et vous connaîtrez instinctivement les caractéristiques de celles-ci.

L'important est de prendre conscience que rien n'est figé, l'astrologie est un outil de découverte de soi et non pas de prédictions précises associées à de la voyance qui enferme la personne au lieu de lui ouvrir les portes de ses potentiels. La véritable clé est de garder son libre arbitre et de trouver une voie qui corresponde à ses aspirations profondes et à ce que nous sommes réellement.

Surtout ne vous découragez pas, allez à votre propre rythme. L'essentiel est de trouver du plaisir dans la découverte. Laissez parler votre intuition, votre ressenti, et partez à la découverte de vous-même !

Retrouvez Karine Winsz sur son site :
www.astrowincoach.com/

Cet ouvrage est composé de matériaux issus de forêts gérées durablement certifiées PEFC™.

Le Programme de reconnaissance des certifications forestières (PEFC™) est le plus grand organisme mondial indépendant de contrôle pour une gestion durable des forêts. Pour en savoir plus, consultez le site
www.pefc-france.org

PEFC™ PEFC/14-38-00277

Achevé d'imprimer en octobre 2020
par Novoprint
Dépôt légal : novembre 2020
Imprimé en Espagne